# 民办高校
## Minban Gaoxiao

## 廉政风险防控手册
### Lianzheng Fengxian Fangkong Shouce

■ 主　编　夏　雨　施红霞　潘明芸　陈　洁
■ 副主编　徐皓刚　黄晓星　张　磊　梁月泉

东华大学出版社·上海

图书在版编目（CIP）数据

民办高校廉政风险防控手册 / 夏雨等主编 . —上海：
东华大学出版社，2022.7
　　ISBN 978-7-5669-2044-7

　　Ⅰ.①民… Ⅱ.①夏… Ⅲ.①民办高校—廉政建设—
中国—手册 Ⅳ.① G648.7-62

中国版本图书馆 CIP 数据核字（2022）第 058500 号

责任编辑　　周慧慧
封面设计　　TINA

| | |
|---|---|
| 书　　　名 | 民办高校廉政风险防控手册 |
| 主　　　编 | 夏　雨　施红霞　潘明芸　陈　洁 |
| 副 主 编 | 徐皓刚　黄晓星　张　磊　梁月泉 |
| 出　　　版 | 东华大学出版社 |
| 地　　　址 | 上海市延安西路 1882 号　邮政编码　200051 |
| 营 销 中 心 | 021-62373056 |
| 出版社网址 | http://dhupress.dhu.edu.cn |
| 印　　　刷 | 上海龙腾印务公司 |
| 开　　　本 | 787 mm×1092 mm　1/16　印张 11.75　字数 290 千字 |
| 版　　　次 | 2022 年 7 月第 1 版 |
| 印　　　次 | 2022 年 7 月第 1 次印刷 |

ISBN　　978-7-5669-2044-7
定价　　69.00 元

# 前　言

　　廉政风险是指公务人员凭借所拥有的公共权力在执行公务过程中或日常生活中出现谋求私利等腐败行为的可能性。

　　2011年中纪委印发《关于加强廉政风险防控的指导意见》（中纪发〔2011〕42号）（见附录），对廉政风险防控机制建设提出了具体要求。党的十八大以来，党中央提出更加严格的管党治党要求，习近平指出，要加强对权力运行的制约和监督，把权力关进制度的笼子，形成不敢腐的惩戒机制，不能腐的防范机制，不易腐的保障机制。在高校加强廉政风险防控，是构建惩治和预防腐败体系的重要举措，是规范权力运行、依法治校的客观要求，是促进干部队伍作风建设的现实需要，是推进预防腐败工作的有力抓手。

　　民办高校同公办高校一样也拥有一定的公共权力，如在招生、采购、奖助学金管理、干部任用、学术诚信等领域；但民办高校权力运行、决策机制有自身特点，法人治理结构不同，日常管理中队伍精干、流动性大、制度不健全等特点，容易存在岗位边界模糊、缺乏不相容管理、自由裁量权过大等廉政风险，出现以权谋私的现象，使民办教育事业受到严重损害，因此要反腐倡廉，民办高校不是世外桃源。

　　上海市教卫工作党委、上海市民办高校党工委2018年开始设立上海民办高校党建与思政创新项目，支持上海建桥学院进行"基于内部控制的民办高校廉政风险防控体系建设"的探索实践。在民办高校建立完善的廉政风险防控体系，规范权力运行，建立健全权力运行的制约监督体系，减少自由裁量权的空间，用制度限制权力的滥用，是一项重大的改革举措。

　　本手册以上海建桥学院的廉政风险防控为基础编写，上海建桥学院廉政风险防控体系建设主要做法是，将风险管理理论和现代质量管理方法引入廉政风险防控机制建设，以PDCA管理思想为核心，以学校权力运行为防控对象，分析研判防控重点领域和关键环节，聚焦重点领域和廉政高风险岗位，梳理、规范、固化业务流程，建立必须对标的合规管理制度，列出控制痕迹，进行防控情况监督、评价和优化，形成闭环管理。以此建立健全权力运行的制约监督体系，努力形成靠流程和制度管权、管事、管人的长效机制，实现全程防控廉政风险，推进学校全面从严治党和事业发展，取得了一定的效果。同时推进了内部控制队伍建设和廉洁文化建设，推动了民办高校党委党风廉政主体责任和民办高校法人治理的有机融合，在"从严管党治党""加强党对教育的全面领导"的大背景下，具有积极的现实意义。

本手册的编制是构建权责清晰、流程规范、风险明确、制度管用的廉政风险防控体系的创新举措，为民办高校领导及教职工提供一份比较完整系统的廉政风险清单、重点领域工作流程图、相关制度和控制痕迹要求等，对抵御腐败、提高廉洁从政能力有着十分重要的作用。

本手册有三个特征。一是符合民办高校的权力运行规律。以学校廉政风险防控体系建设为基础，通过"麻雀解剖"的方法，由个别到一般，寻求民办高校权力运行规律的普遍性。二是在实践中形成。本手册是在学校廉政风险防控实践的基础上形成的，向使用者提供的风险清单、防控业务流程、制度建设和相关表单案例都是学校运行的实际应用。三是具有较强的可操作性。其他学校可以将手册作为样本，结合本校的实际情况编写自己的廉政风险防控手册。

本手册由五个部分构成：

第一章　概述。介绍廉政风险防控指导思想、工作目标、编制依据，控制的范围，廉政风险防控的概念、框架和实施组织架构。控制的目标和原则，实施廉政风险防控的路线图。

第二章　廉政风险防控实施路径。绘制廉政风险防控实施路径，并从明确环境、风险评估方法、中高风险职权清单、制定防控措施、廉政风险防控监督与评价等方面进行说明。

第三章　学校层面廉政风险内部控制。这是业务层面内部控制的基础，直接决定了业务层面内部控制的有效实施和运行。主要包括三方面：一是学校法人治理结构、二级单位及学校部处设置；二是工作机制的控制；三是关键岗位和关键人员的控制。

第四章　业务层面的廉政风险防控体系。以 40 个中高风险业务为重点，建立风险防控机制。明确部门归口管理职责，针对该领域每一项中高风险岗位业务，进行风险描述，绘制权力运行工作流程图，列明关键控制点及组织部门，列出需要对标的外部文件要求和学校内部制度，明确相关报告、表单，为权力事项主体控制风险提供了有力的依据。

第五章　相关制度和表单样本案例。展示 8 个廉政风险防控制度和 10 份表单样本。

本手册由夏雨、陈洁负责统筹，编写分工如下：第一、第二章由夏雨执笔；第三章由夏雨、潘明芸执笔；第四章第一部分由张磊执笔，第二部分由施红霞、张莉执笔，第三部分由荆筱槐、周荣玲、曹吉、黄海平执笔，第四部分由黄晓星执笔，第五部分由梁月泉、张欢执笔，第六部分由邓科执笔，第七部分由徐皓刚、胡东执笔，第八部分由贺月执笔，第九部分由张业盛、宋洪凯执笔，第十部分由杨真真、王飔飔执笔，第十一部分由方盈月执笔；第五章由施红霞负责统筹。潘明芸、施红霞帮助完成本手册的整理工作。

感谢施荣瑜、陈峥、陈静、张玲、刘程颖、李培森对"上海建桥学院廉政风险防控体系建设"项目实施所做的组织工作。

感谢上海民办高校党工委副书记王庆一直支持、关心、指导项目的推进和本手册的编写。感谢上海建桥学院党委书记江彦桥教授和校长朱瑞庭教授为本项目的申报、完成所做的要求和指导。

编　者<br>
2022 年 2 月

# 本书编委会

总指导：王　庆
主　任：江彦桥　朱瑞庭
主　编：夏　雨　施红霞　潘明芸　陈　洁
副主编：徐皓刚　黄晓星　张　磊　梁月泉
编　委：陈　峥　荆筱槐　周荣玲　方盈月
　　　　张　莉　邓　科　张业盛　杨真真
　　　　陈　静　张　玲　程奕慕

# 目 录

第一章 总 则 ·········································································· 1

一、指导思想和工作目标 ······················································ 1

（一）指导思想 ······························································ 1

（二）工作目标 ······························································ 1

（三）民办高校加强廉政风险防控具有重要意义 ············· 2

二、编制依据及原则 ···························································· 2

（一）编制依据 ······························································ 2

（二）编制原则 ······························································ 2

（三）编制符号说明 ······················································· 3

三、手册适用范围 ······························································· 3

四、廉政风险防控的概念 ····················································· 4

（一）廉政风险 ······························································ 4

（二）内部控制 ······························································ 4

（三）廉政风险防控 ······················································· 5

五、基于内部控制的廉政风险防控框架 ································· 5

（一）防控总目标 ·························································· 5

（二）在学校哪些层面进行防控 ······································ 5

（三）防控要素 ······························································ 6

六、廉政风险防控组织体系与责任分工 ································ 6

（一）廉政风险防控的组织架构 ······································ 6

（二）工作职责 ················································································ 7

**第二章　廉政风险防控实施路径** ······························································ 9
　一、廉政风险内部控制项目实施路径图 ····················································· 9
　二、风险评估 ······················································································ 9
　　（一）评估部门 ··············································································· 10
　　（二）廉政风险初始信息收集 ····························································· 10
　　（三）廉政风险排查 ········································································· 10
　　（四）廉政风险描述 ········································································· 11
　　（五）廉政风险评价 ········································································· 11
　　（六）廉政风险评价清单 ··································································· 13
　三、制定防控措施 ··············································································· 15
　四、廉政风险防控监督与评价 ································································ 16
　　（一）评价部门 ··············································································· 16
　　（二）监督与评价的内容 ··································································· 17
　　（三）评价方法 ··············································································· 17
　　（四）评价结果的应用 ······································································ 17

**第三章　学校层面的廉政风险内部控制** ··················································· 18
　一、学校层面廉政风险内部控制的主要风险点 ·········································· 18
　　（一）组织架构不健全，决策、执行、监督未有效分离 ························· 18
　　（二）岗位设置不尽合理，关键岗位管理不到位 ··································· 19
　　（三）运行机制不健全，没有风险管理和评估机制 ······························· 19
　二、组织架构控制建设 ········································································ 20
　　（一）组织架构控制概述 ··································································· 20
　　（二）组织架构控制相关法规 ···························································· 20
　　（三）组织架构内部控制建设 ···························································· 21

（四）支持制度和备查文件 …………………………………………… 23

三、工作机制控制建设 ………………………………………………………… 24

　　（一）工作机制控制概述 ………………………………………………… 24

　　（二）工作机制控制相关法规 …………………………………………… 24

　　（三）工作机制控制建设 ………………………………………………… 24

　　（四）支持制度和备查文件 ……………………………………………… 26

四、关键岗位和人员控制建设 ………………………………………………… 26

　　（一）关键岗位和人员控制概述 ………………………………………… 26

　　（二）关键岗位和人员控制相关法规 …………………………………… 26

　　（三）关键岗位和人员控制建设 ………………………………………… 26

　　（四）关键岗位控制支持制度和备查文件 ……………………………… 28

五、信息系统建设 ……………………………………………………………… 28

　　（一）信息系统建设概述 ………………………………………………… 28

　　（二）信息系统建设相关法规 …………………………………………… 28

　　（三）信息系统建设措施 ………………………………………………… 28

　　（四）信息系统建设支持制度和备查文件 ……………………………… 29

第四章　业务层面内部控制体系 …………………………………………………… 30

一、招生工作内部控制 ………………………………………………………… 30

　　（一）基本情况 …………………………………………………………… 30

　　（二）招生章程制定 ……………………………………………………… 31

　　（三）确定招生录取办法、录取名单 …………………………………… 33

　　（四）自主命题试卷保密管理 …………………………………………… 35

二、学生事务内部控制 ………………………………………………………… 37

　　（一）基本情况 …………………………………………………………… 37

　　（二）校学年奖学金管理 ………………………………………………… 39

　　（三）校内勤工助学管理 ………………………………………………… 42

（四）服兵役学生国家资助管理 …………………………… 45
（五）家庭经济困难学生认定管理 ………………………… 47
（六）学费减免管理 ………………………………………… 49
（七）学生处分管理 ………………………………………… 51

三、教学事务内部控制 …………………………………………… 53
（一）基本情况 ……………………………………………… 53
（二）成绩录入与更正 ……………………………………… 54
（三）内涵式建设项目立项 ………………………………… 56
（四）教材选用审核 ………………………………………… 58
（五）项目成果验收 ………………………………………… 60
（六）转专业 ………………………………………………… 62
（七）教学事故认定 ………………………………………… 64
（八）本科生学位认定管理 ………………………………… 66
（九）考试试卷保密管理 …………………………………… 68

四、人事管理内部控制 …………………………………………… 70
（一）基本情况 ……………………………………………… 70
（二）人员招聘管理 ………………………………………… 71
（三）优秀教职工评选 ……………………………………… 74
（四）专业技术职务评聘 …………………………………… 77
（五）中层干部选拔 ………………………………………… 80

五、外事内部控制 ………………………………………………… 82
（一）基本情况 ……………………………………………… 82
（二）国际合作项目管理 …………………………………… 83
（三）学生赴国（境）外学习实习管理 …………………… 85
（四）教职工赴国（境）外交流管理 ……………………… 87

六、科研事务内部控制 …………………………………………… 89
（一）基本情况 ……………………………………………… 89

（二）纵向科研项目管理 …………………………………………… 90
　　（三）鼓励科技创新与社会服务 …………………………………… 92
七、校办内部控制 ……………………………………………………… 94
　　（一）基本情况 ……………………………………………………… 94
　　（二）印章管理 ……………………………………………………… 95
　　（三）信访受理 ……………………………………………………… 97
　　（四）合同签订与审批 ……………………………………………… 99
八、继续教育内部控制 ………………………………………………… 101
　　（一）基本情况 ……………………………………………………… 101
　　（二）成人高等学历教育招生录取办法、录取名单管理 ………… 103
　　（三）项目主办单位举办的非学历教育项目管理 ………………… 105
九、资产管理内部控制 ………………………………………………… 107
　　（一）基本情况 ……………………………………………………… 107
　　（二）采购管理 ……………………………………………………… 108
　　（三）建设工程项目管理 …………………………………………… 110
十、后勤管理内部控制 ………………………………………………… 112
　　（一）基本情况 ……………………………………………………… 112
　　（二）商业租赁合同签订 …………………………………………… 113
　　（三）商业店铺监管 ………………………………………………… 116
十一、财务处内部控制 ………………………………………………… 118
　　（一）基本情况 ……………………………………………………… 118
　　（二）预算管理 ……………………………………………………… 119
　　（三）报销管理 ……………………………………………………… 121

第五章　相关规章制度与表单样本案例 ………………………………… 124
　一、相关规章制度 ……………………………………………………… 124
　　（一）落实"三重一大"制度实施办法（试行）………………… 124

（二）二级学院党政联席会议议事规则 …………………………… 128
　　（三）服兵役高校学生国家教育资助实施办法 …………………… 132
　　（四）实验室建设项目管理办法 …………………………………… 135
　　（五）教学事故管理办法 …………………………………………… 138
　　（六）对外交流计划申报与审批办法 ……………………………… 143
　　（七）印章管理办法 ………………………………………………… 145
　　（八）采购管理程序 ………………………………………………… 149
二、相关表单 ……………………………………………………………… 152
　　（一）上海市普通高等学校家庭经济困难学生认定申请表 ……… 152
　　（二）学费减免申请表 ……………………………………………… 155
　　（三）教师更正学生成绩审核表 …………………………………… 157
　　（四）教学事故学院上报单 ………………………………………… 158
　　（五）实验室基本建设项目专家评审表 …………………………… 159
　　（六）学生转专业申请表 …………………………………………… 161
　　（七）人员录用登记审核表 ………………………………………… 162
　　（八）申报专业技术职务人员思想品德表现情况表 ……………… 163
　　（九）合同审查意见书 ……………………………………………… 165
　　（十）教师出国（境）申请表 ……………………………………… 166

附录：关于加强廉政风险防控的指导意见 …………………………………… 168

# 第一章 总 则

## 一、指导思想和工作目标

（一）指导思想

坚持以习近平新时代中国特色社会主义思想作为指导，按照"在坚决惩治腐败的同时，更加注重治本、更加注重预防、更加注重制度建设"的要求，以民办高校为对象，以制约和监督权力运行为核心，以岗位风险防控为基础，以加强廉政风险防控制度建设为重点，构建权责清晰、流程规范、风险明确、措施有力、制度管用、预警及时的廉政风险防控机制，不断提高预防腐败工作科学化、制度化和规范化水平。

（二）工作目标

（1）围绕中心，融入学校管理。探索源头防腐的有效机制，把加强廉政风险防控与全面从严治党、推进学校发展结合起来，融入业务工作和管理流程，实现廉政风险防控与各项工作相互促进、协调发展。

（2）突出重点领域，构建防控机制。摸排并聚焦廉政中高风险的重点领域、重点业务、重要岗位、重点人员、重点环节等，扎紧制度"笼子"，构建长效机制，防范廉政风险向腐败行为的转化，成为源头防腐的有效机制，不断提高预防腐败工作科学化、制度化和规范化水平。

（3）倡导廉洁文化，提升风险意识。加强民办高校廉政风险防控队伍建设，通过培训、实施、监督等环节，使队伍掌握廉政风险防控的内涵和要求，提升廉洁自律意识和廉政风险防控能力，进一步推进学校廉洁文化的形成。

### （三）民办高校加强廉政风险防控具有重要意义

加强廉政风险防控是民办高校规范权力运行预防腐败的需要。民办高校权力运行、决策机制不同于公办院校，但民办高校也拥有一定的公共权力，例如在招生、基建、采购、奖助学金管理、政府专项资金使用和干部任用、学术诚信等领域，近年来民办高校也出现公共权力被滥用带来负面的影响，也有触及廉政底线和贪腐案件发生，因此民办高校不是世外桃源，亟待加强制约机制和廉政风险防控体系的建设。但符合民办高校的权力运行规律的廉政风险防控体系建设基础较少。

加强廉政风险防控是民办高校提高内部管理效益、提升民办高校治理能力和水平的内在需要。民办高校队伍人员精干、流动性大，权力相对集中，对制度建设、职权明确、不相容岗位原则要求更高，对干部离岗、轮岗等调动的职责移交、财物移交等需要更加规范。廉政风险内部控制体系的建立，将有效推进高校的运行活力和发展空间，调动人员积极性，是促进高校有效治理的推动力量，也是落实监督与制约机制、提升高校治理水平的重要保障，进而提高治理效率与办学水平。

## 二、编制依据及原则

（一）编制依据

（1）中纪委《关于加强廉政风险防控指导意见》（中纪发〔2011〕42号）
（2）财政部《行政事业单位内部控制规范（试行）》（财会〔2012〕21号）
（3）国务院财政部等五部委《企业内部控制基本规范》及其配套指引（财会〔2008〕7号）

（二）编制原则

廉政风险内部控制原则即建立和实施风险控制过程中所必须遵循的基本要求。总体包括四项原则：

一是全面性原则。贯穿决策、执行和监督全过程，全面覆盖学校的各项业务和事项，保证机制制度健全，责任分工明确，界定廉政风险准确，实施细则及相关制度能结合自身实际情况，具有较强的针对性。

二是重要性原则。突出民办高校的权力运行规律，在腐败易发多发的重点领域，通过查找廉政风险点和制定防范措施，把涉及"三重一大"事项，以及对人、财、物有较大支配权的工作岗位和关键环节纳入重点监控管理范畴。

三是制衡性原则。也称为不相容原则，即决策、执行和监督相互分离，是实现科学决策、有序执行和有效监督的基本保障。学校在组织架构、部门设置、岗位设置、职责分工、业务流程方面形成相互监督、相互制约的工作机制。同时兼顾管理效率，以适当的成本实现有效控制。

四是适应性原则。符合国家、地方有关法律法规和学校实际情况，并随着外部环境变化、经济活动和管理要求提高不断修订和完善。

（三）编制符号说明（表1-1，表1-2）

表1-1 流程图图例表

| 图形 | 说明 |
| --- | --- |
| （圆角矩形） | 开始/结束：代表"流程处理的开始或者结束" |
| （矩形） | 流程：代表"以按部就班的方式定义一个被覆盖到的任务" |
| （菱形） | 判定：代表"定义一个决策点/判定点，意味着做出选择。线条表示出不同的选择，这些选择来自菱形的不同部分" |
| （带竖线矩形） | 子流程：代表"预设处理，如果要参考另一个流程，要录入流程编号和名称" |
| （波浪底矩形） | 文档：代表"一个报表、表格或凭证" |
| →  | 流程图连线：代表"步骤的正规序列以及情景的流程走向" |

表1-2 关键节点描述图例表

| 符号 | 说明 |
| --- | --- |
| A（B\C\D） | 代表"泳道A（B\C\D）" |
| A（B\C\D）(1) | 代表"泳道A（B\C\D）的第一个图例" |
| ★ | 代表"重要点" |

## 三、手册适用范围

各学校根据本手册制定自己的《廉政风险防控手册》。《廉政风险防控手册》适用于学校各部门，对学校各级领导和相关岗位人员具有约束力，各相关人员应当遵循手册中对其工作职责的定义及描述，保持廉政风险防控的有效性，保证单位防控目标的实现。

各学校制定的《廉政风险防控手册》经学校廉政风险防控领导小组审核、批准后正式生效。学校需要对手册适时更新，更新资料来源于外部环境、内部组织架构及管理要等的改变、学校各职能部门的建议以及内、外部监察部门对廉政风险防控的评价。

## 四、廉政风险防控的概念

（一）廉政风险

廉政风险是指公务人员凭借所拥有的公共权力在执行公务过程中或日常生活中出现谋求私利等腐败行为的可能性。廉政风险存在广泛性、根源的复杂性等特点，但总的来说，廉政风险是可描述、可防范的。廉政风险主要包括思想道德风险、岗位职责风险、制度机制风险、业务流程风险等。

（二）内部控制

根据 Robert R. Meller（罗伯特 R. 梅勒）的 COSO 内部控制管理框架（COSO 是美国反虚假财务报告委员会下属的发起人委员会 "The Committee of Sponsoring Organizations of the Treadway Commission" 的英文缩写），内部控制是一个流程，是企业出于价值创造或降低风险目的而在其内部建立的一种内部规定、政策或流程。它受到一个组织的董事会、管理层及其他人员的影响，为达成三项战略目标提供强有力保障：（1）运营的效率和效果；（2）财务报告的可能性；（3）遵守适用的法律法规。

将内部控制作为廉政风险防控的核心要素。COSO 内部控制管理框架认为，内部控制的目的是风险管理，内部控制是单位全面风险管理的一部分，单位全面风险管理是单位治理流程的一部分，见图 1-1。这种将内部控制手段用于廉政风险防控，是近年来我国为了预防腐败而探索的一项管理创新。

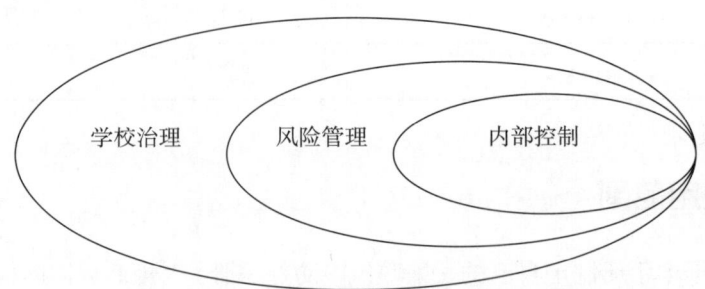

图 1-1　内部控制在廉政风险管理中的重要性

### （三）廉政风险防控

根据民办高校自身的管理特点和权力运行规律合理设置机构及权责分配，强化业务流程控制和对标制度建设，以此压缩学校权力运行廉政风险的过程。

## 五、基于内部控制的廉政风险防控框架

廉政风险防控实施框架如图1-2所示，主要体现在3个维度。

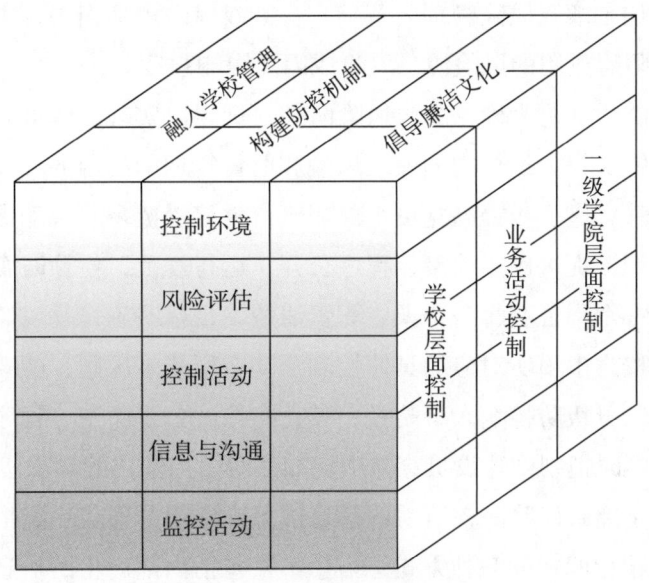

图1-2 廉政风险防控框架

### （一）防控总目标

框架顶面3个纵行代表学校廉政风险防控的3个目标：围绕中心，融入学校管理；突出重点领域，构建防控机制；倡导廉洁文化，提升风险意识。

### （二）在学校哪些层面进行防控

框架侧面代表从学校、业务、各二级单位3层面控制。框架提供了一个考虑和理解其各层次与廉政风险相关的业务活动模型，以及它们彼此之间的影响，也可以帮助学校从董事会成员到专业人员更好地理解和管理学校面临的廉政风险。

## （三）防控要素

框架正面 5 个横行代表控制环境、风险评估、控制活动、信息与沟通、监控活动 5 个组成要素。

内部环境包括治理结构、机构设置、权责分配、人力资源政策等内容，内部环境是廉政风险防控体系的基础，是有效实施廉政风险防控的保障，直接影响体系的执行、学校的目标以及整体战略的实现。

风险评估是学校及时识别、系统分析管理活动中与实现廉政管理目标相关的风险，廉政风险评估是廉政风险管理的基础，在廉政风险评估当中，主要识别和分析对实现廉政目标有阻碍作用的风险源、风险成因及影响程度。

廉政风险控制活动是为确保廉政风险防控目标得以实现的政策和程序，包括一系列不同的活动，针对权力运行中的廉政风险和监督管理中的薄弱环节，主动预防，超前防范，关口前移，进一步提高党员干部职工自觉接受监督、主动参与监督和积极化解廉政风险的意识，促进民主决策、程序公开、运行规范，使预防腐败的责任落实到每一个部门、每一个岗位和每一个人，职责清楚，目标明确，并以监督考核，防止权力滥用。不同的权力事项所对应的具体控制活动有所侧重区别，廉政风险防控措施一般包括分权防控、分级防控、人事防控、教育防控、公开防控、程序防控、科技防控和预警防控等，同时把制度建设贯穿其中，加强对防控输出的要求。

信息与沟通是廉政风险防控所需的信息被识别获得并形成一定形式，及时有效准确传递以便员工履行职责的一种方式，信息不仅包括内部产生的信息，还包括与廉政风险相关的外部信息，如政策法规等，顺畅高效的信息与沟通，是廉政风险防控体系动态有效运行的必要条件。

监控活动是对廉政风险防控体系建设与实施情况进行监督检查，评价廉政风险防控的参与度，以及流程、制度执行的有效性，发现廉政风险防控的缺陷，并及时进行改进的持续过程。

# 六、廉政风险防控组织体系与责任分工

## （一）廉政风险防控的组织架构

学校廉政风险防控体系的组织架构实行三级管理，即决策机构、监督管理机构、执行机构。

决策机构：廉政风险防控领导小组，负责学校与廉政风险防控有关的重大事项的决定。领导小组可以是学校党政领导、监事会等成员组成。

管理监督机构：是学校廉政风险防控管理归口部门，负责学校的廉政风险防控管理工作推进及体系的有效性和符合性实施监督、评价。管理监督机构主要成员包括纪检监察室、审计等。

职能部门、二级单位：学校各职能部门、二级单位具体执行廉政风险管理的政策、制度，报告体系实施运营情况。相关职能部门、各二级单位负责人为本部门廉政风险防控第一责任人。

### （二）工作职责

领导小组主要职责：

（1）审核廉政风险防控体系的框架及实施计划；

（2）审核廉政风险防控体系建设的廉政风险评估、重大方针、政策、规章制度及相关业务流程；

（3）负责重要防控方案的审批并提供所需的资源；

（4）审核《廉政风险防控手册》及其更新变动；

（5）审批学校廉政风险防控评价的情况报告；

（6）主导学校廉政风险管理文化的培育。

管理监督机构主要职责：

（1）负责制定单位廉政风险防控规划和年度实施计划，并组织实施；

（2）负责指导、监督学校职能部门廉政风险防控体系的建立和运行；

（3）负责制定和完善学校廉政风险防控体系的管理制度、工作程序及相关标准和方法，并监督实施；

（4）组织《廉政风险防控手册》的编制、修订与维护完善工作；

（5）负责组织开展每年至少一次的单位内部控制与风险评估的测试工作，监督、检查和考核各职能部门贯彻、执行廉政风险防控情况，评价防控健全性和有效性，并对存在的缺陷提出改进的建议和措施；

（6）负责准备关于廉政风险防控自我评估报告及其他年报中需要披露的与控制有关的资料，并协调对外披露相关事宜；

（7）定期组织开展内控培训，提高员工对内控工作的认识并开展自我监督。

各职能部门主要职责：

（1）配备防控专干，负责本部门的日常防控工作，参与学校廉政风险防控领导小组组织的廉政风险防控评估工作；

（2）在权限范围内进行风险识别、评估及运行控制工作；

（3）对业务流程的实际操作进行日常控制监测，以单位廉政风险防控目标为准则，识别偏离目标的原因或现行体系与其环境适应性方面的差距，找出改进的机会，制定行动方案付诸实施；

（4）配合单位每年至少一次的廉政风险防控控制与风险评估的检查与测试工作；

（5）落实提出的管理建议；

（6）组织本部门员工学习廉政风险防控知识和相关的法律法规等要求，必要时将相关要求转化到管理文件中；

（7）收集、整理、统计、分析、上报业务领域内的各类风险和内部控制相关的数据和报告。

# 第二章  廉政风险防控实施路径

## 一、廉政风险内部控制项目实施路径图

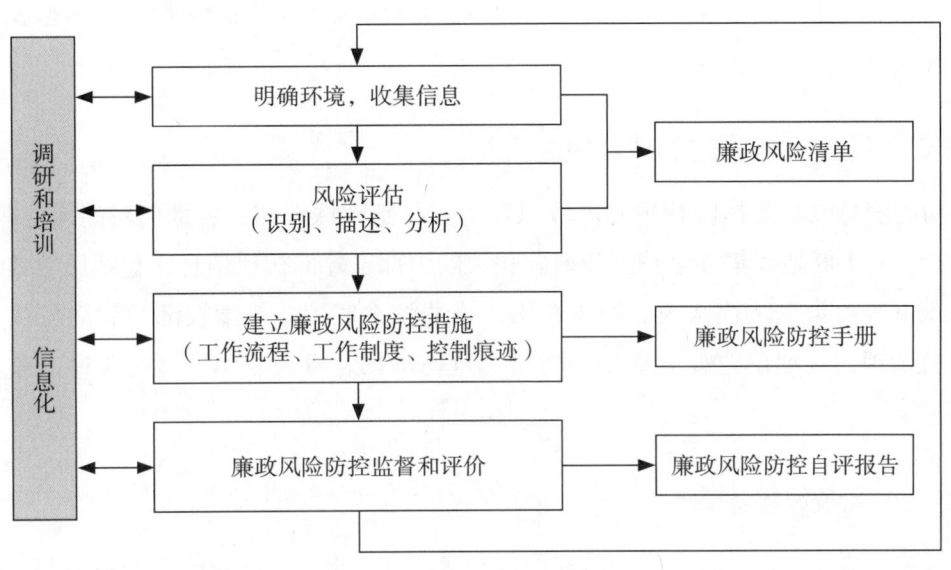

图 2-1  廉政风险防控路径图

根据框架可以设计如图 2-1 所示的实施路径。核心是把实施过程按照管理学中的"计划、实施、检查、行动（PDCA）"四个阶段演绎为动员部署、明确环境、风险评估、风险防控、监督检查的闭环管理。

## 二、风险评估

廉政风险评估是在初始信息收集的基础上进行廉政风险辨识评估，开展廉政风

描述，确定廉政风险等级的过程，是识别廉政风险的重要环节，一切防控都源于风险评估，同时为风险管理策略的制定提供依据。风险评估包括风险排查、风险描述和风险评价三个步骤。

### （一）评估部门

廉政风险防控管理监督机构组织和安排具体工作，组织财务、资产采购、基建、后勤、招生、科研、行政等相关职能部门成立风险评估小组，进行风险评估工作。风险评估要通过采取自下而上、自上而下、上下结合的方式，各业务部门领导和相关岗位负责人也是风险识别的主体，在广泛查找和征求意见的基础上，认真梳理、描述、评估、汇总后并选择重点单位和岗位，以达到"重点突出、排查精准"的目的。评估结果须由防控领导小组审核后生效。评估人员在梳理各类权力运行的业务流程、明确业务环节的基础上，系统分析识别对实现廉政目标有阻碍作用的风险源、风险成因及影响程度。

### （二）廉政风险初始信息收集

初始信息收集是风险管理和廉政风险防控的基础性工作，各部门对照岗位职责，广泛持续、不断地收集和学校廉政风险相关的内部、外部初始信息，包括历史数据和未来预测等。根据法律法规和岗位职责，摸清权力底数，对学校部门和岗位权力事项进行清理，逐项确定权力事项的类别、行使依据、责任主体、运行程序、监督方式等。

### （三）廉政风险排查

根据重要性原则，在全面基础性评价的基础上，重点关注重要业务事项和廉政高风险领域，特别是涉及内部权力集中的重点领域和关键岗位，着力防范可能产生的重大风险。学校层面和各领域、部门风险排查可以采用头脑风暴法。头脑风暴法是进行风险识别最常用的方法，其目的是获得一份综合的项目风险清单。头脑风暴法一般通过会议的形式，让所有参加者在畅所欲言的气氛中，列举分析哪些环节和流程可能存在廉政风险，并以此相互启发、相互激励、引起联想、产生共振和连锁反应。

排查的结果是形成廉政风险清单。上述收集到的问题和风险点，按学校管理业务领域和管理责任分类和归口，形成当前项目风险清单列表。风险清单中所列的问题较为全面具体，内容丰富。形成风险清单需要对民办高校权力运行规范准确地把握，要有一定的风险防控专业知识，以保证资料的可靠性和科学性，有足够充足的资料搜集时间，以保证搜集的数据能够体现项目风险的规律。

（四）廉政风险描述

廉政风险描述即对查找出来的廉政风险点进行准确描述、归纳梳理，主要从思想道德风险、岗位职责风险、业务流程风险、制度机制风险等方面进行描述。廉政风险描述的目的是进一步明确风险内容，为风险评价和风险防控提供基础。

思想道德风险，是指权力主体廉洁、从业意识淡薄，因人情、私利或授意他人违反职业操守等，可能导致结果不公正、不公平，行为对象利益受损或不当得益，以权谋私等严重后果。

岗位职责风险，是指未对相关的重要岗位职责及工作程序进行明确规定，岗位职责不清，工作界面模糊，未对不相容岗位进行有效分离，可能导致不能正确履行职责，相互推诿、自由裁量权过大、以权谋私。

制度机制风险，缺乏相应制度或制度不健全，造成无章可循，制度不符合实际，缺乏可操作性，机制缺乏相互支撑、相互制约，制衡约束力和监督力的作用不明显，个人自由裁量空间较大，可能造成行使权力失范管理，构成以权谋私等严重后果的廉政风险。

程序风险是指缺乏重要的环节和程序，缺乏相互制约和制度，可能导致以权谋私的风险。

（五）廉政风险评价

廉政风险评价是识别风险后进行的分析活动。风险分析的方法种类繁多。一般来说，风险分析过程包括评估风险发生的可能性、风险可能造成的影响，根据风险的具体情况，采取定性和定量的评估方法。

1. 廉政风险发生可能性测度

定性方法主要从日常管理中可能发生的潜在廉政风险、系统性（坍塌性）廉政风险两个层面进行分析并确定不同的可能性；定量方法以风险发生的概率为标准评估。按照定性和定量的方法将廉政风险发生的可能性划分为五个级次，分别为极少的、少见的、多次的、经常的、频繁的，依次对应 2～10 分。具体的划分标准见表 2-1。

表 2-1　廉政风险发生的可能性评估标准

| 评估标准 | 极少的 | 少见的 | 多次的 | 经常的 | 频繁的 |
| --- | --- | --- | --- | --- | --- |
| | 2 | 4 | 6 | 8 | 10 |
| 风险可能性测度描述 | 基本不发生或目前没发生过 | 很少发生或几年碰到一次 | 偶尔发生或一年会出现几次 | 经常发生或每月都会碰到几次 | 持续发生或每周都有 |

2. 廉政风险影响程度测度

廉政风险影响程度是指风险事件的发生对学校所造成影响的广度与深度，风险影响程度也可划分为五个级次，分别为次要的、紧要的、严重的、重大的、灾难性的，依次对应 2~10 分，见表 2-2。

表 2-2　廉政风险发生的影响程度评估标准

| 评估标准 | 次要的 | 紧要的 | 严重的 | 重大的 | 灾难性的 |
| --- | --- | --- | --- | --- | --- |
| | 2 | 4 | 6 | 8 | 10 |
| 财务损失及日常管理方面 | 影响有限。财物损失1万以下；有1~2人会投诉；会间接影响教学质量 | 人员轻伤；财物损失1~10万；3~10人投诉；会直接影响质量，造成三级/二级教学事故；违反政策，伴随着罚款 | 区域负面新闻报道；人员重伤；上级主管部门责令改善；财物损失10~30万元；10~20人投诉；造成一级教学事故 | 损害学校的形象；全国负面新闻报道；人员死亡；财物损失30~50万元；20~30人投诉；造成重大事故和不合格 | 影响学校中长期战略目标的达成；人员死亡；财物损失50万元以上；30人以上投诉 |
| 党纪、法律法规的遵循方面 | 不违反党纪、政纪 | 违反党纪、政纪 | 违反政策，伴随着罚款或诉讼；违反党纪、政纪 | 违反法规，伴随着一定的罚款或诉讼失；违反党纪、政纪，需负刑事责任 | 违反法规，伴随着较大的罚款或诉讼；违反党纪、政纪，需负刑事责任 |

3. 廉政风险评价结果

廉政风险评价结果通常采用风险坐标图方法，把风险发生可能性的高低、风险发生后对控制目标的影响程度作为两个维度绘制在同一个平面上，如图 2-2 所示。绘制风险坐标图的目的在于对多项风险进行直观的比较，从而确定风险管理的优先顺序和策略。风险发生的可能性与影响程度两个维度，在风险坐标图可将识别的风险划分为极低、低、中、高、极高五个区域，在风险应对中针对性地选择应对策略。

|风险发生的可能性| | | | | | |
|---|---|---|---|---|---|---|
| | 10 | 中 | 中 | 高 | 高 | 极高 |
| | 8 | 中 | 中 | 中 | 高 | 高 |
| | 6 | 低 | 中 | 中 | 中 | 高 |
| | 4 | 低 | 中 | 中 | 中 | 中 |
| | 2 | 极低 | 低 | 低 | 中 | 中 |
| | O | 2 | 4 | 6 | 8 | 10 |

风险发生对控制目标的影响

图 2-2　廉政风险评估结果坐标

### （六）廉政风险评价清单

廉政风险防控管理部门应该把上述的过程标准化、常规化。建立风险"影响"和"可能性"的评分系统；分析并列出影响学校关键流程的各种威胁；使用评分系统，估计这些威胁对单位的影响，衡量并为每项威胁发生的可能性和影响程度赋值；计算风险影响和风险发生可能性的综合评分；结合威胁应对措施和风险评分，对风险进行优先排序；领导小组对风险排序进行审批。

根据目前民办高校权力运行规律，表 2-3 呈现 40 项廉政中高风险领域及业务。

表 2-3　廉政中高风险领域及业务

| 领域 | 风险编号 | 风险识别与评价 ||||
|---|---|---|---|---|---|
| | | 主要风险事件 | 发生可能性 | 影响程度 | 风险评价结果 | 风险等级 |
| 1.学校层面 | 1 | 组织架构、治理结构 | 2 | 10 | 20 | 中风险 |
| | 2 | 工作机制 | 2 | 10 | 20 | 中风险 |
| | 3 | 关键岗位和关键人员 | 2 | 8 | 16 | 中风险 |
| 2.招生 | 4 | 招生章程的制定 | 4 | 4 | 16 | 中风险 |
| | 5 | 招生录取 | 4 | 6 | 24 | 中风险 |
| | 6 | 命题管理 | 4 | 6 | 24 | 中风险 |

（续表）

| 领域 | 风险编号 | 风险识别与评价 ||||
|---|---|---|---|---|---|---|
| | | 主要风险事件 | 发生可能性 | 影响程度 | 风险评价结果 | 风险等级 |
| 3.学工 | 7 | 校内勤工助学管理 | 4 | 6 | 24 | 中风险 |
| | 8 | 困难认定的申请审批 | 4 | 6 | 24 | 中风险 |
| | 9 | 校学年奖学金评定管理 | 4 | 6 | 24 | 中风险 |
| | 10 | 学生学费减免管理 | 4 | 6 | 24 | 中风险 |
| | 11 | 服兵役学生国家资助管理 | 4 | 6 | 24 | 中风险 |
| | 12 | 学生处分管理 | 4 | 6 | 24 | 中风险 |
| 4.教务 | 13 | 成绩录入与更正 | 6 | 4 | 24 | 中风险 |
| | 14 | 内涵式建设项目立项 | 4 | 6 | 24 | 中风险 |
| | 15 | 教材选择和审核 | 4 | 6 | 24 | 中风险 |
| | 16 | 项目成果验收 | 4 | 4 | 16 | 中风险 |
| | 17 | 转专业 | 4 | 4 | 16 | 中风险 |
| | 18 | 教学事故认定 | 4 | 4 | 16 | 中风险 |
| | 19 | 本科学位认定管理 | 4 | 4 | 16 | 中风险 |
| | 20 | 试卷保密管理 | 4 | 4 | 16 | 中风险 |
| 5.组织人事 | 21 | 人员招聘管理 | 4 | 4 | 16 | 中风险 |
| | 22 | 优秀教职工评选管理 | 4 | 4 | 16 | 中风险 |
| | 23 | 专业技术职务评聘 | 4 | 4 | 16 | 中风险 |
| | 24 | 中层干部选拔任用 | 4 | 6 | 24 | 中风险 |
| 6.对外交流 | 25 | 校国际合作项目管理 | 4 | 6 | 24 | 中风险 |
| | 26 | 学生赴国（境）外学习实习管理 | 4 | 6 | 24 | 中风险 |
| | 27 | 教职工赴国（境）外交流管理 | 4 | 4 | 16 | 中风险 |
| 7.科研 | 28 | 纵向科研项目申报 | 4 | 4 | 16 | 中风险 |
| | 29 | 鼓励科技创新与社会服务 | 4 | 4 | 16 | 中风险 |
| 8.校办 | 30 | 印章管理 | 4 | 6 | 24 | 中风险 |
| | 31 | 信访举报管理 | 6 | 4 | 24 | 中风险 |
| | 32 | 合同管理 | 4 | 4 | 16 | 中风险 |

（续表）

| 领域 | 风险编号 | 风险识别与评价 | | | | |
|---|---|---|---|---|---|---|
| | | 主要风险事件 | 发生可能性 | 影响程度 | 风险评价结果 | 风险等级 |
| 9.继续教育 | 33 | 确定招生录取办法和录取名单 | 4 | 6 | 24 | 中风险 |
| | 34 | 项目主办单位举办的非学历教育项目管理 | 4 | 6 | 24 | 中风险 |
| 10.资产管理 | 35 | 采购管理 | 4 | 6 | 24 | 中风险 |
| | 36 | 建设工程项目管理 | 4 | 6 | 24 | 中风险 |
| 11.后勤 | 37 | 商业合同签订 | 4 | 8 | 32 | 中风险 |
| | 38 | 商业店铺监管检查与整改 | 4 | 6 | 24 | 中风险 |
| 12.财务 | 39 | 全面预算管理 | 4 | 6 | 24 | 中风险 |
| | 40 | 财务报销管理 | 6 | 4 | 24 | 中风险 |

## 三、制定防控措施

廉政风险防控措施是针对权力运行中的风险和监督管理薄弱环节，源头预防关口前移，采取的一系列预防腐败问题发生的措施。制定防控措施要坚持内部控制四项原则。针对不相容原则，要坚持分权防控，对权力进行科学分解和配置，建立决策权、执行权、监督权既相互制约又相互协调的权力结构和运行机制；实行主管、办理、监督分离；重大复杂敏感的权力事项实行集体决策和会签制度。要坚持分级防控廉政风险，实施分级管理。廉政风险防控措施一般包括：

（1）内部授权审批防控。明确各岗位办理业务和事项的权限范围审批程序和相关责任，建立重大事项集体决策和会签制度，相关工作人员在授权范围内行使职权办理业务。

（2）制度、流程防控。贯穿廉政风险防控的整个过程，通过制定制度，梳理、优化、固化各项业务流程，落实分权和分级的防控思想，同时将控制活动与业务流程员工的日常工作相结合，达到控制活动的目的。

（3）人事防控。把涉及人财物管理的关键岗位和领导干部作为重点对象，明确岗位职责和问责机制，实施不相容的分离机制，切实规范用权行为。配备能胜任的人员，将廉洁自律、勤奋专注、有能力的人员分配到关键控制岗位，选拔和培训流程要到位。对中、高等风险岗位实行定期轮岗交流程序。

（4）单据控制。对标国家、学校有关规定、制度和学校的业务活动流程。在内部管理制度中明确界定各项活动所涉及的表单和票据，要求相关工作人员按照规定填制审核，上锁归档，做好物理保护，定期盘点。

（5）教育防控。加强干部廉洁从业教育、职业道德教育以及业务技能教育，通过情景模拟教育、示范教育、警示教育等，明确事权人权，提升责任人的廉洁从业意识。

（6）信息公开防控。建立健全权力运行相关信息内部公开制度，根据国家有关规定和单位的实际情况，确定信息内部公开的内容范围方式和程序，保证教工的知情权、参与权、表达权和监督权，加大对重点领域的公开力度。

（7）信息技术防控。信息技术的发展提供了利用信息技术进行自动化留痕和监控的机会，客观、高效、准确地保留数据和程序，约束权力运行。

## 四、廉政风险防控监督与评价

廉政风险防控的评价是指学校对自身廉政风险防控的建立和执行的有效性进行评价，形成结论并出具评价报告的过程。有效的监督和评价以及相应的报告制度是学校廉政风险防控体系必不可少的组成部分，学校应该统筹安排廉政风险防控的评价与监督工作，充分发挥评价报告和监督意见的作用，不断完善廉政风险防控体系，提高实施的有效性。

（一）评价部门

学校廉政风险防控的监督与评价，应由廉政风险防控管理监督部门负责组织，也可以委托具备资质的第三方机构实施廉政风险防控内部评价。

评价部门根据廉政风险防控实施指南，结合学校廉政风险评估的情况，制定廉政风险防控评价的办法，规定评价的原则、内容、程序方法和报告形式等，明确相关机构或岗位的职责权限，落实责任制，有序开展内部廉政风险防控的监督评价工作。

（二）监督与评价的内容

对单位层面和业务层面廉政风险防控的建立与实施情况进行总结和评价，主要围绕廉政风险防控制度建设的完整性和制度实施的有效性，并对实施的总体效果进行分析和总结，既包括学校层面的组织架构、决策机制执行情况监督，也包括业务层面的各项业务活动。学校廉政风险防控执行的有效性应主要考虑以下几个方面：

（1）是否按要求参与学校廉政风险防控的相关工作；

（2）部门是否有对标的相关法规和学校的合规制度；

（3）管理流程和防控措施是否遵循廉政风险防控的原则；

（4）实施防控流程和措施产生的控制痕迹或记录是否充分；

（5）有无重大廉政事件发生。

（三）评价方法

选择、开展、执行持续评估和个别评价，以确保廉政风险防控各要素存在并运行。对学校廉政风险防控的评价，可以单独或综合运用个别访谈、调查问卷、抽样实地查验、比较分析和专题讨论等方法，充分收集学校内部廉政风险防控设计和运行是否有效的证据，确认廉政风险防控各要素存在并运行，确认目标达成度，研究分析评价控制的缺陷。

根据风险大小、应对措施、持续评估结果的不同，个别评价的范围和频率也会有所不同，优先级较高的风险可以使用持续评价和个别评估相结合的方法，往往比优先级较低的风险进行更为深入和频繁的评估，根据需要亦可调整个别评价的次数。

（四）评价结果的应用

廉政风险防控评估结果，重点是防控缺陷，需要及时与负责纠正的各方沟通，并实时向学校廉政风险防控领导小组报告。

廉政风险防控的评价，要求学校领导转变对廉政风险防控评价的认识，真正认识到廉政风险防控是提高学校管理水平和提升党风政风廉政水平的有力抓手，将廉政风险防控评价作为发现管理漏洞，提高管理水平的关键步骤，有效地预防腐败。

# 第三章 学校层面的廉政风险内部控制

学校层面内部控制是业务层面内部控制的基础,直接决定了业务层面内部控制的有效实施和运行,两者共同构成学校整个廉政风险内部控制体系。民办高校学校层面廉政风险内部控制体系越健全,领导班子决策机制越民主科学,组织机构设置越完善,工作机制控制越接近分权制衡,对重要关键岗位监管越严格,廉政风险越小,防范廉政风险的成本越低;反之,廉政风险就越大。因此要做到领导重视、组织结构合理配置、决策机制完善、制度完备、关键岗位监管到位。

学校层面的廉政风险内部控制主要包括四方面的内容:组织架构控制、工作机制控制、关键岗位和关键人员的控制、信息系统建设。

## 一、学校层面廉政风险内部控制的主要风险点

### (一)组织架构不健全,决策、执行、监督未有效分离

从法人治理结构来看,学校比较重视纵向的权利和义务关系管理,横向协调、监督意识比较淡薄,虽然学校董事会、学校党组织、校长办公会、学校学术委员会、教职工代表大会等各司其职,建立起了决策、执行与监督三权制衡的法人治理机制。但从实施效果看并未有效分离,重视领导意见、轻专家意见、忽视群众意见、忽视技术咨询的现象普遍存在,无法做到实现这几项的有机结合,导致决策、行政机构权力比较集中。

从部门设置来看,部门的内部控制监督职责体现不充分。由于人员编制有限,机构合署,这是机制灵活的体现,也容易引发监督缺位。几乎每一个岗位都扮演一名执行者的角色,大家每天都在埋头忙于自己负责的工作。监督缺位体现在三个方面:一是部门横向监督功能不明显;二是纵向注重执行和传达,普遍扮演执行者的角色,没有回答好"财务部门是否发挥了财务制度的控制作用,审计和纪检部门是否对主要经

济活动进行有效管理和监督，主要监审岗位是否设置了岗位责任书，是否建立了主要业务活动的监督机制，业务活动前事前申请、审核批复、业务执行、后期评价的过程，监审岗位是否保持其独立性"等问题；三是大多数民办学校没有专门的内部控制部门。

### （二）岗位设置不尽合理，关键岗位管理不到位

民办学校内部编制有限，存在一人多岗、不相容岗位兼职现象，岗位职责没有清晰分离，部分岗位决策权和执行权相重叠，缺乏制衡。

单位没有明确划分关键岗位，或者虽然明确了关键岗位，但是岗位职责权限未明确划分，可能导致存在权责不清，责任相互交叉，容易出现混岗现象，导致岗位之间缺乏制约和监督，不利于学校的权力管理与控制。

学校对关键岗位的管理不到位。缺乏关键岗位的准入标准、关键岗位人员的专业胜任能力和职业道德的专门培训以及关键岗位的严格考核等。

### （三）运行机制不健全，没有风险管理和评估机制

决策议事机制不科学。还存在着授权审批的权限不明确，审批的流程不规范，决策议事机制不科学的问题。目前民办高校针对"三重一大"等事项相关流程和标准还不健全。"三重一大"之外的大多数经济活动和权力运行的相关标准和流程还侧重纵向权力分配的模式，各级横向的决策、执行、监督不能有效分离，无法体现既相互制约又相互协调的作用。

缺乏专门的风险管理机制。民办高校自筹经费自主办学，采取了贷款、融资等方式滚动发展，规模普遍较大，同时办学机制灵活，人员精干，具有一定的财务、权力运行风险。然而绝大多数民办高校并未树立高度的风险评估意识，更缺乏风险评估程序和机制，没有设置专门的风险管理部门和岗位，没有专业的风险评估和分析人员，对经济活动和权力运行存在的风险缺乏全面、系统和客观评估，对学校合规性的制度设计、流程管理、监督手段缺乏基本的建设，因而对各种风险预防和应对能力较弱，在廉政风险的应对上亦是如此。对学校内部控制和各种风险管理没有系统导入内部控制部门关键岗位，往往寄托在一些部门兼职，如财务部门、资产管理部门、审计部门的人员兼职来完成风险管理工作。如上所述，职能部门的监督职责缺位，因此民办高校风险管理意识、能力、机制亟待加强。

部门间信息沟通不畅通。随着民办学校规模的扩大，学校的经济活动和权力结构越来越复杂，目前越来越重视信息化改革。但是各个部门信息系统的建立主要服务

于本部门，容易产生信息孤岛，没有形成部门间的信息对接和有效沟通，没有实现管理层面的数据共享，缺乏一个全面的信息沟通系统。信息沟通只停留在对本部门的业务处理上面，没有成为学校一体化的有效组成部分，信息系统的建立还没有为学校决策、管理、监督提供有力支撑。

## 二、组织架构控制建设

（一）组织架构控制概述

组织架构是指为学校所进行的各项活动提供决策、执行、控制和监督职能的整体框架。包括学校组织结构的适宜性、权力分配及担负责任的适当性、提供管理学校所需职业能力、职能分工和岗位设置的科学性、负责管理及监督职能的岗位人数的充足程度等。从静态呈现内部控制在学校整体上如何做出安排。

学校组织架构控制是为了顺利实现学校的发展战略，同时降低廉政风险而进行的组织结构设计。主要内容是按照自身的规模、治理要求和教职工能力素质，进行学校的机构设置和权责分工，目标是决策机构、执行机构和监督机构相分离，涉及学校法人治理结构、二级单位及学校部处设置等。

一个科学高效、分工制衡的组织架构，可以使学校自上而下地对廉政风险进行识别和分析，进而采取控制措施予以应对，可以促进信息在学校内部各层级之间、学校与外部环境之间及时、准确、顺畅地传递，可以提升日常监督和专项监督的力度和效能。

（二）组织架构控制相关法规

（1）《中华人民共和国民办教育促进法》2018年修订

（2）《中华人民共和国民办教育促进法实施条例》2021年修订

（3）《国务院关于鼓励社会力量兴办教育促进民办教育健康发展的若干意见》（国发〔2016〕81号）

（4）中共中央办公厅印发《关于加强民办学校党的建设工作的意见（试行）》的通知（中办发〔2016〕78号）

（5）五部委《民办学校党建工作重点任务》（教思政〔2020〕2号）

（6）《中国共产党普通高等学校基层组织工作条例》

（7）《上海市人民政府关于促进民办教育健康发展的实施意见》（沪府发〔2017〕94号）

（8）《上海市教育委员会关于印发上海市民办高等学校年度检查指标体系（2018年度）的通知》（沪教委民〔2018〕11号）

（9）《上海市教育委员会关于进一步做好民办高等学校财务管理工作的通知》（沪教委民〔2021〕16号）

### （三）组织架构内部控制建设

#### 1. 完善学校法人治理结构

民办高校的法人治理结构，是指民办高校作为独立的法人实体，在举办者（出资人）、决策者、管理者、监督者和教职工等权益相关人之间建立的有关学校运营与权力配置的组织结构，以及通过这种组织结构形成的责权利划分、制衡关系和配套机制等一整套制度安排；是举办者所有权与学校管理权分离的基础上学校权力体系的构造。民办高校法人治理结构包括董事会、校党委、校行政、监事会、民主管理和监督机构等部分。要求结构合理、功能完善、职责明晰、运行规范。

学校董事会是决策机构，由举办方、校长、党委书记、副校长、教工代表等人员组成，负责制定学校发展规划、遴选校长、确定经费使用原则等重大问题的决策。董事会依法支持校长自主、负责地在授权范围内开展学校管理，学校校长办公会主要由校长、党委书记、副校长、党委副书记、纪委书记、工会主席等人员组成，确保各方源头参与学校日常管理。学校运行中的重大决策、重要人事任免、重大项目和大额度资金的使用，必须经校长办公会议集体决议，不得以领导个人审批签字、会签传阅或个别征求意见等方式代替会议决定。党政领导班子其他成员按照"一岗双责"的要求，根据分工抓好职责范围内的内部控制工作。学校设置校监事会，监事会由党委代表人、举办者代表、教工代表组成。学校党委书记进入董事会，实施党组织班子与学校决策层、管理层"双向进入、交叉任职"，建立党组织与学校董事会、监事会日常沟通协商制度，定期组织党员、教职工代表等听取校长工作报告以及学校重大事项情况通报，保证党组织在重大事项决策、监督、执行各环节有效发挥作用。

#### 2. 完善学校院、部设计

学校应根据内部控制的总体要求，对部门、院系组成进行设计，划分各内设部门和二级单位的职能，厘清各部门在组织层级和业务层级内部控制中的角色和分工，按照科学、精简、透明、制衡的原则实施授权、分级和归口管理。

一般设置二级学院和管理部门、监督部门。结构图如下（图3-1）：

# 民办高校廉政风险防控手册

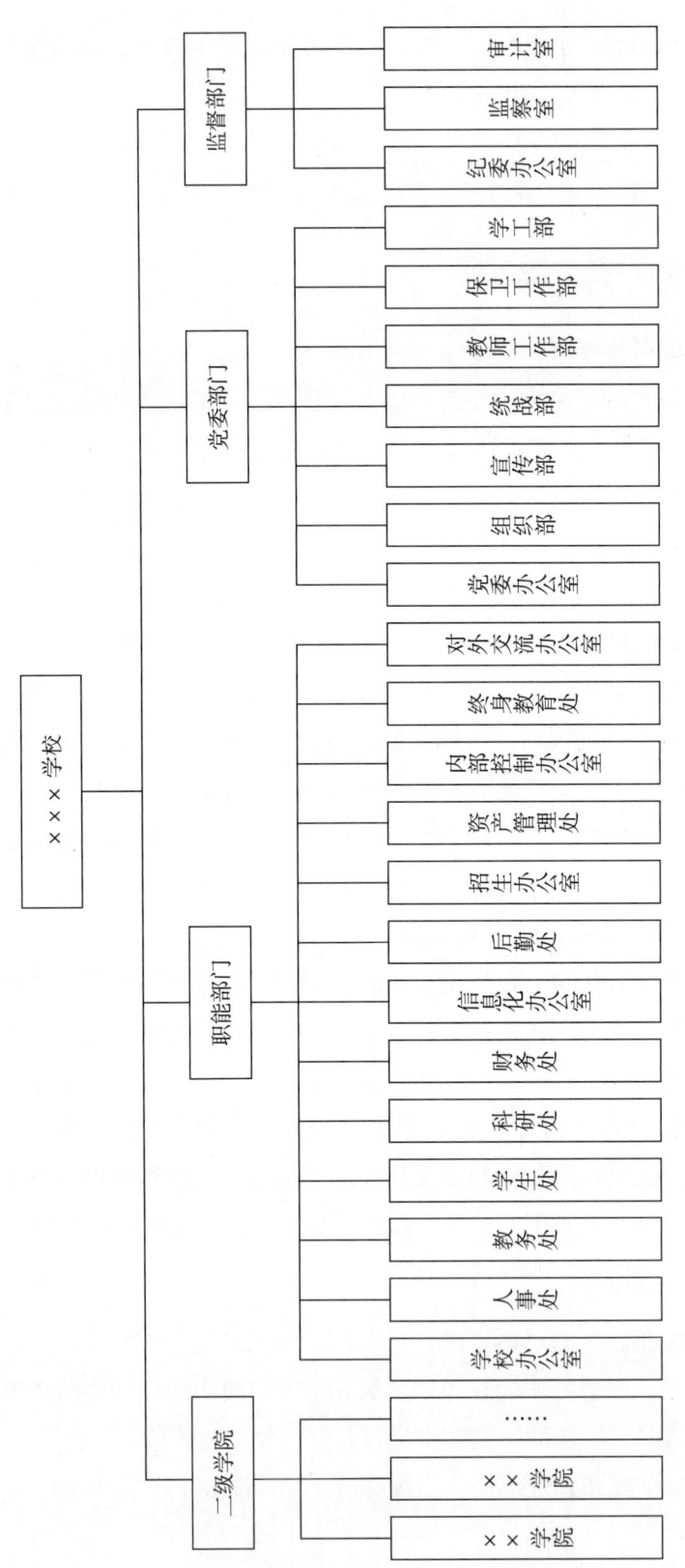

图 3-1 学校二级学院和管理部门、监督部门结构图

学校管理部门包括校办、招生、学工、教务、科研、人事、外办、采购、财务等领域或部门，学校应该明确这些职能部门或岗位在内部控制建设、实施与监督检查中应有的职责权限、程序和要求，使之充分发挥在内部控制建设、实施与监督检查中的作用，要求各部门负责人对本部门、本领域的廉政风险防控承担主体责任。

设立负责内部控制、风险管理的建立健全、有效实施（治理控制）的部门。负责研究提出内部控制体系建设方案，制定内部跨部门的重大决策、重大风险、重大事件和重要业务流程的内部控制工作，组织协调学校重大风险评估工作，研究风险管理策略，组织协调相关部门落实整改措施等。人员采用专兼结合，兼职人员可以从纪检、财务、审计、资产管理、基建等各个部门抽调责任心强、思想道德好、业务能力强的人员来完成。内控部门负责定期和不定期抽检其他部门的内部控制工作和其他日常工作，对各部门的内部控制工作进行考核。学校成立内部控制领导小组，统一协调整体事务。

监督部门包括内部审计、纪检监察室等，对学校权力运行及经济活动进行监督，强化日常财务、权力运行监督和专项监督的力度和效能。

3.学校建立不同分权决策的内部管理委员会

内部管理委员会主要完成某一方面或某项业务的协调把关工作，确保真正发挥好咨询、把关、监督作用。例如教材管理委员会、学术委员会、预算管理委员会、专业职务聘任委员会等。

通过合理的机构设置和职责分工来实现职能间的相互制约，确保运转的决策、执行、监督职能清晰且相互独立。

（四）支持制度和备查文件

（1）××学校章程

（2）××学校校长办公会议事程序

（3）××学校党委议事规则

（4）××学校贯彻落实党风廉政建设主体责任制的实施意见

（5）××学校二级学院党政联席会议议事规则

（6）××学校二级党组织会议管理办法

（7）××学校董事会章程

（8）××学校监事会章程

（9）××学校学术委员会章程

（10）××学校教职工代表大会实施细则

（11）××学校两级管理工作职责划分管理办法

（12）××学校职能部门职责

## 三、工作机制控制建设

（一）工作机制控制概述

工作机制是以组织架构和所设机构为载体，建立科学的执行程序和完善的制度规范，并通过监督和评价来激励程序和规范的有效执行，以此实现制衡。从动态视角说明内部控制在学校机构设置和权责分配后应如何开展工作。内部控制的核心在于制衡，所以制衡机制的设置是建立内部控制体系的核心目标，确保权力运行决策、执行和监督相互分离，同时兼顾效率。

（二）工作机制控制相关法规

（1）《关于加强廉政风险防控的指导意见》（中纪发〔2011〕42号）

（2）《行政事业单位内部控制规范（试行）》（财政部2012年）

（3）《教育部关于进一步推进直属高校贯彻落实"三重一大"决策制度的意见》（教监〔2011〕7号）

（4）《教育部关于进一步加强高等学校法治工作的意见》教政法〔2020〕8号

（三）工作机制控制建设

1. 决策、执行、监督分离机制

在学校廉政风险内部控制过程中，决策、执行和监督相互分离是实现科学决策、有序执行和有效监督的基本保障。决策过程是管理工作的核心，是学校为达到一定目的对行动方案的选择过程，其本质为授权审批过程；执行过程通常由具体的承办部门按照决策结果和适当的权限办理业务的过程，一般涉及招生部门、教学部门、学工部门、财会部门、资产管理部门、采购部门、基建部门等；监督过程是实施内部控制的重要保证，是对内部控制的再控制，它主要通过对决策过程、执行过程的合规性以及执行的效果进行检查评价，来确保运行活动的各业务或事项都经过了适当的授权审批，确保经办人员按照授权的要求和审批的结果办理业务。在确定职权和岗位分工过程中，着重体现不相容岗位相互分离的控制要求，避免既当"运动员"又当"裁判员"情况的发生，预防舞弊和腐败的风险。

2. 风险评估机制

学校层面风险评估即组织机构、保障措施方面的评估和执行效果，由内部控制部门负责执行。评估内容包括①决策、执行、监督是否相互分离，权责是否明晰；②各部门职能职责是否到位；③议事决策机制是否建立健全，重大事项是否经过集体意见决定；④内部管理制度是否完善，制度的执行是否有效；⑤内部控制关键岗位人员业务水平和能力是否与岗位匹配，是否加强对他们的培训和考核；⑥信息化建设是否加强，是否实现了信息共享等。

另外，针对廉政风险，还应评估廉政风险防控的对标制度、流程管控、控制痕迹、防控效果等内容。

3. 议事决策机制

贯彻民主集中制。议事决策机制包括三个方面。第一，合理的议事决策制度让每一位领导机构成员能够充分行使职权。坚持决策的客观性，建立健全集体研究、专家论证和技术咨询相结合的议事决策机制。重大事项决策、重要人事任免、重大项目安排、大额资金使用等"三重一大"事项，应当由学校领导机构集体研究决定。明确"三重一大"事项的内容，并按照规定的权限和程序实行领导班子集体决策审批或者联签制度。第二，详尽的决策记录制度。让记录如实反映每一位领导机构成员的决策过程和意见。在认真做好记录的基础之上，要向每一位领导核实记录并签字，并及时归档。第三，议事决策的问责机制。建立健全可操作性的决策问责制度，让决策的效果与相关人员的评价挂钩。在此过程中，要正确处理好集体决策和个人负责的关系。集体决策不意味着要集体负责，把责任具体落实到每个人身上。同时注重决策的严格贯彻和落实，避免决策走过场，失去权威性。二者有机结合，才能对权力运行活动中出现的重大决策失误、未履行集体决策程序和不按照决策执行业务的人员追究相应的责任，才能使决策得到严格贯彻和落实。

4. 信息公开机制

包括校内公开和校外公开，做好校内规章制度、数据运行、权力运行的科学合理公开。打破信息壁垒，在一定程度上做到部门信息融通。建立各项校外信息公开专栏，梳理各项公示事项，畅通信访举报渠道。

### （四）支持制度和备查文件

（1）××学校"三重一大"事项管理办法

（2）××学校公文处理管理办法

（3）××学校内部请示报告管理办法

（4）××学校信息公开管理办法

（5）××学校风险防控制度

## 四、关键岗位和人员控制建设

### （一）关键岗位和人员控制概述

关键岗位是指根据学校自身性质、管理特点、权力运行规律确立的中高风险领域的部门负责人及具体业务岗位等可能严重影响廉政风险防控目标实现的岗位。

确定关键岗位目的是形成各岗位之间能够互相监督、每个人都能各尽所能的制衡机制，在健全组织结构的基础上明确个体的控制职责，夯实廉政防控基础。

### （二）关键岗位和人员控制相关法规

（1）中华人民共和国教师法

（2）中国共产党党内监督条例

（3）中国共产党纪律处分条例

（4）中国共产党问责条例

（5）新时代高校教师职业行为十项准则

（6）教育部关于建立健全高校师德建设长效机制的意见

（7）教育部关于进一步加强和改进师德建设的意见

（8）中共中央　国务院关于全面深化新时代教师队伍建设改革的意见

### （三）关键岗位和人员控制建设

1. 确定内部控制关键岗位

明确哪些岗位是可能严重影响廉政风险防控目标实现的岗位，民办高校廉政风险内部控制关键岗位主要包括三条主线。一是以经济活动权力运行为主线的预算业务管理、收支业务管理、采购业务管理、资产管理、用章管理、合同管理、会计管理、建设项目管理、内部审计等；二是以教学管理权力运行为主线的招生、教学、科研、学生日常管理、印章管理、档案管理；三是以内控为主线，包括纪检监察、风险管理等岗位。科学设置关键岗位，要求关键岗位的工作人员具备与其工作岗位相适应资格和能力，明确岗位、责任、权限和人员分配。

2. 做到不相容岗位相分离

不相容岗位和职责相互分离已经成为内部控制最基本的控制手段。不相容岗位是指那些如果由一个人担任，既可能发生错误和舞弊行为，又可能掩盖其错误和弊端行为的职务。内部控制的建立和实施必须贯彻不相容的原则，主要包括三项内容：一是流程化管理，每一项业务不能完全由一人经办；二是钱、账、物分管；三是有健全严格的凭证制度，做好信息存留和保管。不相容岗位和职责相互分离，集中体现了其分权和制衡的核心思想，确保不相容岗位相互分离、相互制约、相互监督，既可以事前预防，从源头上防止和遏制舞弊行为，更能在事中起到监督的作用，相互牵制，在舞弊时发现并予以纠正。

3. 管理内部控制关键岗位

严格遵循选拔程序。把好关键岗位工作人员的入口关，从知识技能、专业背景、从业资格和道德素养等方面层层把关筛选。

加强关键岗位工作人员业务培训和职业道德教育。使关键人员了解和掌握业务流程、岗位责任和权责分配情况，正确履行职责，并不断提升道德水平和综合素质，确保内部控制关键岗位工作人员具备与其岗位相适应的资格和能力。同时通过培训，使得关键岗位人员结合工作实际，深入领会、积极探索廉政风险防控的内涵和方法，让防控思想深入人心，推进形成良好的廉洁文化。

定期轮岗和专项检查制度。定期轮岗是杜绝舞弊、保证岗位新鲜血液的必要措施。学校应当制定关键岗位人员定期轮岗制度，明确轮岗范围、轮岗周期、轮岗方式，使轮岗制度化、规范化。对暂时不具备轮岗条件的，应当采取专项检查等控制措施代替轮岗制度，确保关键岗位人员认真依法履行岗位职责，合理控制关键岗位廉政风险，定期实施专项检查。

构建科学有效的绩效考评机制。针对不同的考核对象将考核指标进一步细化，使之具有良好可行性和操作性。将绩效分析和考评的综合结果作为教职员工晋升、培训、调动、加薪的决策依据，并对考核结果进行反馈，充分调动员工的积极性。强化问责机制的落实，促进内部控制作用更好地发挥，保障学校各项业务的顺利进行。

（四）关键岗位控制支持制度和备查文件

（1）××学校教职工招聘管理办法

（2）××学校教职工年度考核管理办法

（3）××学校师德建设管理办法

（4）××学校教职工师德考核管理办法

（5）××学校教职工失范行为处理实施办法

（6）××学校关键岗位轮岗制度

## 五、信息系统建设

（一）信息系统建设概述

民办高校内部的信息化建设以内部控制规范体系、安全保障为依托，精细化管理为理念，一体化管理为目标，梳理内部控制业务流程，排查内部控制风险点，以智能化流程管控为手段，固化业务活动流程，对业务流程的运行状态实施自动记录和全程跟踪。

信息化建设以信息化技术为抓手，实现部门之间信息共享，把权力运行的制约内嵌在工作流程之中，将信息化建设成果与对权力运行监督相结合，实现中高廉政风险关键业务的信息化风险防控。通过"制度＋信息"手段对业务运行异常情况进行动态预警，把廉政风险防控工作融入权力运行的各个环节，变事后问责为事前监督，确保学校管理不受损、干部教工不违规，扎牢不能腐的"笼子"。

（二）信息系统建设相关法规

（1）《计算机信息系统安全保护条例》

（2）《国家中长期科学和技术发展规划纲要（2006—2020年）》

（3）《"互联网＋政务服务"技术体系建设指南》

（4）《信息系统建设和服务能力评估体系能力要求》

（三）信息系统建设措施

1. 信息系统建设归口管理

学校应当积极推进信息化建设，对信息系统建设实施归口管理，明确分管领导和分管部门，根据内部控制和廉政风险防控的相关要求，结合组织机构、业务过程、技术能力等因素，制定信息系统建设总体规划，健全信息系统管理程序，设置信息系统管理岗位，明确信息系统管理责任。

2. 信息系统全面覆盖

将权力运行、经济活动及其内部控制主要流程和关键环节嵌入信息系统中，以减少和消除人为操纵因素，提高办事效率和管理水平，促进信息公开，增强权力运行过程与结果的透明，降低廉政风险。

打通学校内部各系统之间的数据信息壁垒，发挥信息化的整体效能。在完善各类资源管理信息系统的基础上，要改变学校内部各部门信息孤岛的状态，确保重要信息系统之间的互联互通、信息共享和业务协同。逐步实现财务管理、资产管理、学生管理、人事管理、教学管理、科研管理等信息资源的共享。增强财务管理信息系统与资产、招标、采购、工程等信息系统的相互嵌入，确保通过财务实现对业务的有效监控。通过整合各类管理资源、管理信息系统，实现业务的有效衔接与相互制衡，使学校可以实时掌握管理动态。

3. 信息系统具备风险预警功能

确定信息化预警与防控范围，在此基础上建立"风险库与规则库"进行权力制约，分析风险库中每条业务数据的逻辑关系，归纳出规则算法，获得风险数据关系，对业务流程出现的风险进行预警，经过自动筛查形成预警信息，筑牢防范化解廉政风险的"防火墙"，切实发挥防线作用。这是变事后问责为事前预警监督的极其有效的措施，也是建设不敢腐、不能腐、不想腐的防范机制。

（四）信息系统建设支持制度和备查文件

（1）××学校信息公开实施办法

（2）××学校信息安全管理办法

（3）××学校网站建设与管理办法

（4）××学校信息化系统管理办法

# 第四章　业务层面内部控制体系

## 一、招生工作内部控制

（一）基本情况

1. 归口管理

编制学校全年分省分专业招生总计划；完成各类别招生宣传工作、招生章程制定工作、招生录取工作；协助组织相关招生考试考务工作；接待考生、家长来电、来访咨询等。

2. 控制目标

（1）根据市教委相关文件要求规定，制定本校各类别招生章程，合理编制招生计划。

（2）根据公布的招生章程，考生成绩，确定招生录取办法，录取名单无差错。

（3）确保信息公开透明，流程规范，无舞弊和违规违纪违法现象。

3. 相关法规

（1）上海市教育委员会关于印发《2021年上海市普通高校春季考试招生试点方案》的通知（沪教委学〔2020〕54号）

（2）上海市教育委员会关于印发《2021年上海市部分高校专科层次实行依法自主招生改革试点方案》的通知（沪教委学〔2021〕2号）

（3）上海市教育委员会关于印发《上海市2020年普通高等学校面向中等职业应届毕业生考试招生实施办法》的通知（沪教委学〔2020〕13号）

（4）《上海市教育委员会关于做好2020年本市部分普通高校招收"专升本"新生

工作的通知》(沪教委学〔2020〕11号)

（5）《国家教育考试违规处理办法》(教育部令第33号)

### （二）招生章程制定

1. 风险描述和管控制度

| 招生章程制定 | 风险描述 | 1. **思想道德风险**：权力主体法律规范意识淡薄，受到外界利益的驱动，可能出现制定录取规则不公平的现象<br><br>2. **岗位职责风险**：招生章程制定权由学校领导掌握，可能导致主观意识偏差，引发擅自决定的现象<br><br>3. **制度风险**：未清晰明确招生工作领导小组岗位职责，制定相关奖惩制度，缺乏相应的监督机制，可能导致滥用职权，发生损害学生利益，影响学校声誉的现象<br><br>4. **程序风险**：招生章程制定未征求二级学院和相关部门的意见，未考虑学校实际办学条件，相关人员擅作决定风险 |
|---|---|---|
| | 参考制度 | 《招生管理程序》 |
| | 相关报告/表单 | 1. 二级学院和相关部门招生计划征求意见表<br>2. 招生章程备案表<br>3. 上报招生领导小组审核的会议纪要<br>4. 公布章程的网页 |
| | 责任部门 | 招生办公室 |

2. 流程图

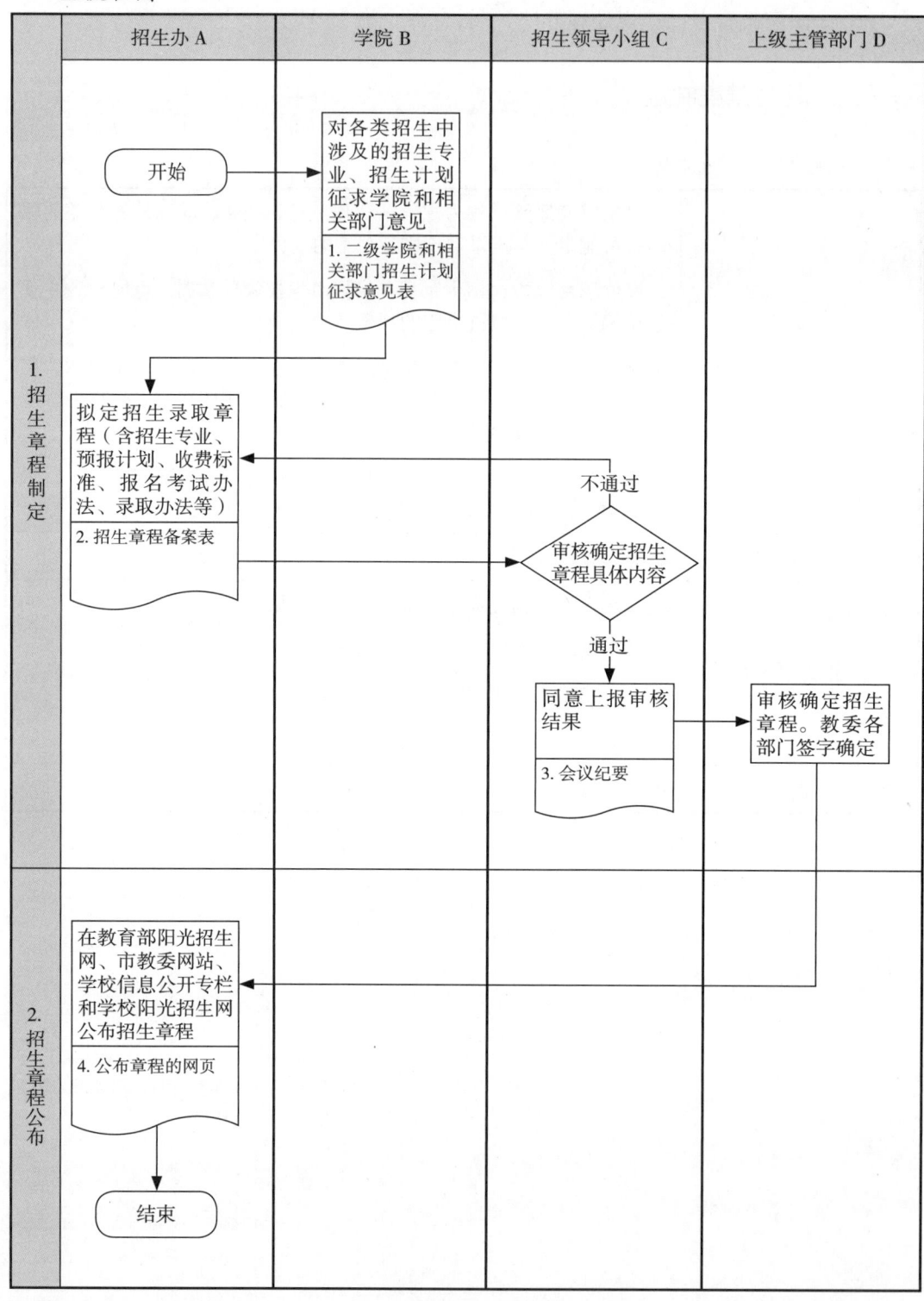

招生章程制定流程图

3. 关键节点描述

| 关键节点 | | 流程描述 | 角色 |
| --- | --- | --- | --- |
| A1 | ★ | 拟定招生录取章程 | 招生办、二级学院 |
| B1 | | 对各类招生中涉及的招生专业、招生计划征求学院和相关部门意见 | 二级学院 |
| C1 | | 审核确定招生章程具体内容 | 招生领导小组 |
| D1 | | 审核确定招生章程。教委各部门签字确认 | 上级主管部门 |
| A2 | ★ | 网上公布招生章程 | 招生办 |

## （三）确定招生录取办法、录取名单

1. 风险描述和管控制度

| | | |
| --- | --- | --- |
| 确定招生录取办法、录取名单 | 风险描述 | 1. **思想道德风险**：招生录取人员法律规范意识淡薄，因人情或利益原因，可能出现篡改录取结果现象，导致录取结果不透明、不公开<br><br>2. **岗位职责风险**：岗位聚焦个别人，可能导致个人权力过大，缺乏监督和制度约束，自由裁量权过大，可能发生擅自篡改录取结果现象<br><br>3. **制度风险**：未清晰明确教师岗位职责，制定奖惩制度，未对岗位教师进行法律道德培训，可能导致法律规则意识薄弱，自由裁量权未有效监督，发生损害学生利益、影响学校声誉的现象<br><br>4. **程序风险**：录取过程和结果未经招生领导小组讨论确定，相关人员擅作决定风险 |
| | 参考制度 | 《招生管理程序》 |
| | 相关报告/表单 | 1. 确认拟录取名单的会议纪要<br>2. 各省市教育考试机构审核通过的新生录取名单<br>3. 公布录取办法、录取名单的网页 |
| | 责任部门 | 招生办公室 |

2. 流程图

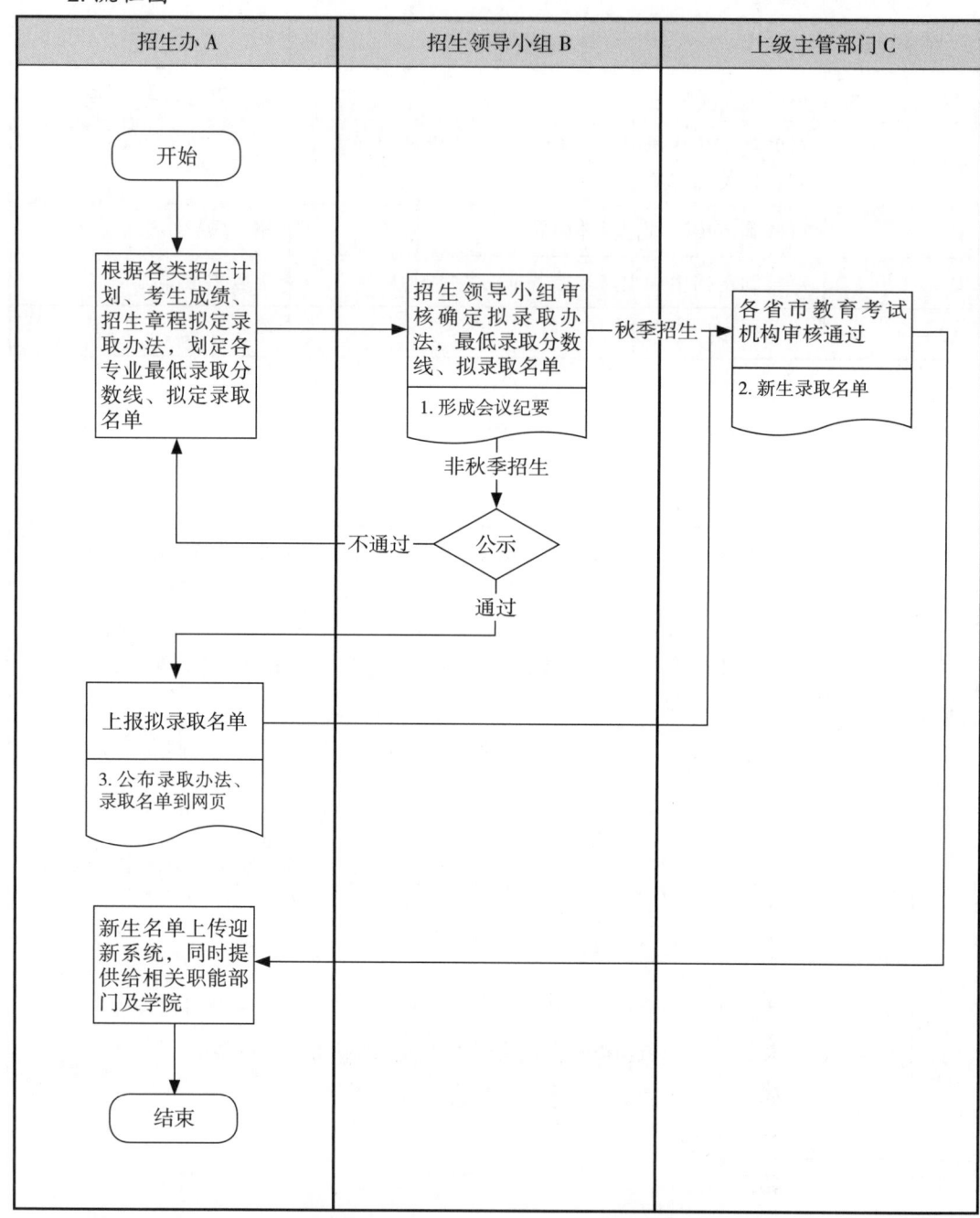

**确定招生录取办法、录取名单流程图**

3. 关键节点描述

| 关键节点 | 流程描述 | 角色 |
| --- | --- | --- |
| A1（1）★ | 根据各类招生计划数、考生成绩、招生章程拟定录取办法，划定各专业最低录取分数线、拟定预录取名单 | 招生办 |
| B1 | 审核确定拟录取办法，最低录取分数线、拟录取名单 | 招生领导小组 |
| C1 | 上级主管部门审核通过录取办法，最低录取分数线、拟录取名单 | 各省级教育主管部门或高招办 |
| A1（2）★ | 上报拟录取名单 | 招生办 |

## （四）自主命题试卷保密管理

1. 风险描述和管控制度

| 自主命题试卷保密管理 | 风险描述 | 1. 思想道德风险：命题教师法律规范意识淡薄，因外界非法向命题人员行贿等手段，可能出现泄题现象<br>2. 岗位职责风险：岗位聚焦个别人，缺乏监督和制度约束，命题管理存在随意性和不确定性，可能发生泄露考题现象<br>3. 制度风险：未清晰明确教师岗位职责，制定奖惩制度，未对岗位教师进行法律道德培训，可能导致命题人缺乏监督管理，发生损害学生利益，影响学校声誉的现象<br>4. 程序风险：命题教师资格未经审核，未按照试卷命题保密要求执行，发生泄题的风险 |
| --- | --- | --- |
| | 参考制度 | 《招生管理程序》 |
| | 相关报告/表单 | 1. 备选命题教师名单<br>2. 相关考试保密协议<br>3. 纸质试卷模板 |
| | 责任部门 | 招生办公室 |

2. 流程图

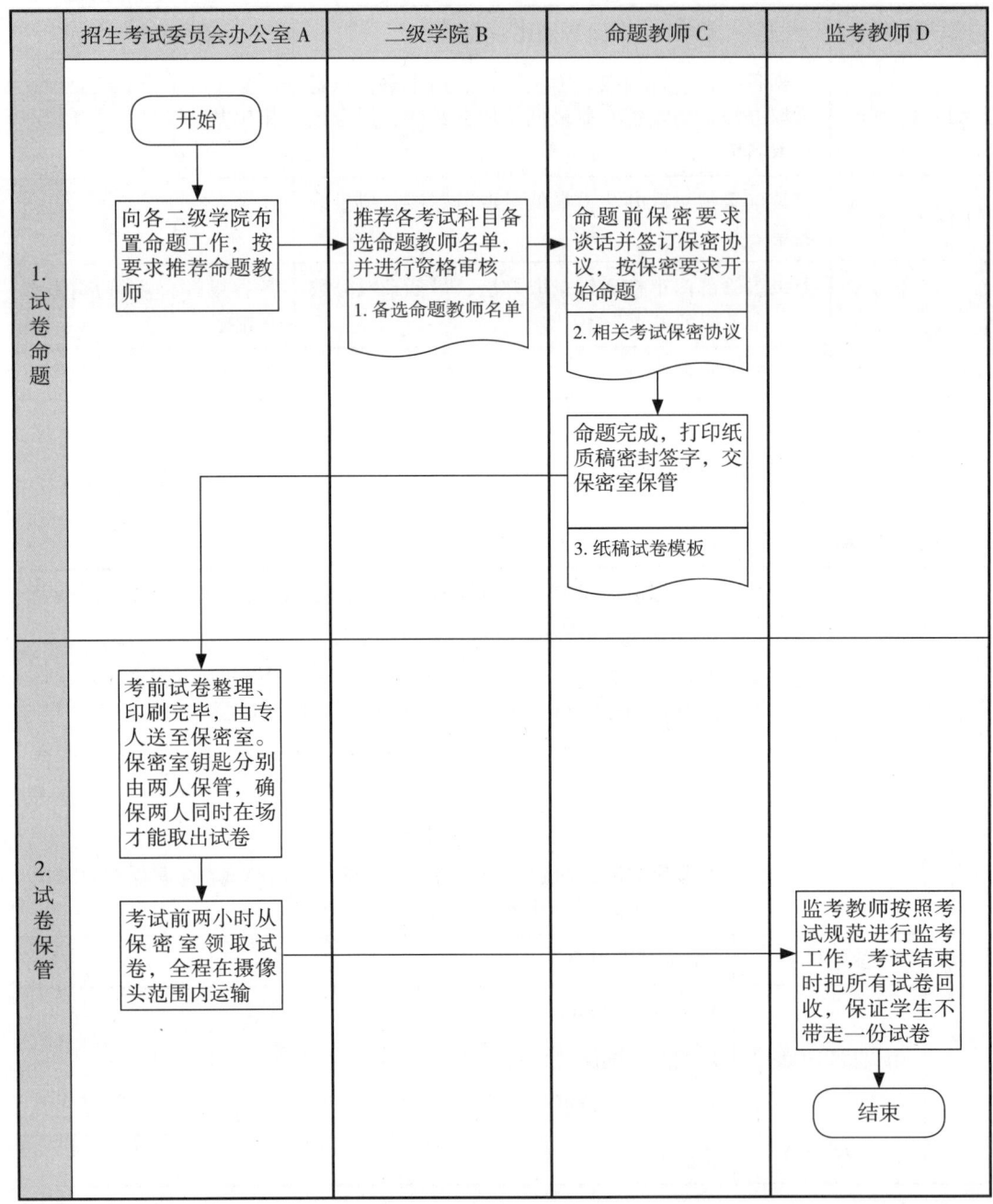

自主命题试卷保密流程图

3.关键节点描述

| 关键节点 | 流程描述 | 角色 |
|---|---|---|
| A1 | 向各二级学院布置命题工作，按要求推荐命题教师 | 招生考试委员会 |
| B1 ★ | 推荐各考试科目命题教师名单，并进行资格审核 | 二级学院 |
| C1（1） | 命题前保密要求谈话并签订保密协议，开始命题 | 命题教师 |
| C1（2）★ | 命题完成，打印纸质稿密封签字，交保密室保管 | 命题教师 |
| A2（1） | 考前试卷整理、打印完毕，由专人送至保密室。保密室钥匙分别由两人保管，确保两人同时在场才能取出试卷 | 招生考试委员会 |
| A2（2） | 考试前两小时从保密室领取试卷，全程在摄像头范围内运输 | 招生考试委员会 |
| D2 | 监考教师按照考试规范进行监考工作，管控全场，考试结束后收回所有试卷，确保考生不带走一份试卷 | 监考教师 |

## 二、学生事务内部控制

### （一）基本情况

1.归口管理

学生处主要负责学生思想政治教育的管理、学生的日常管理工作、职业发展规划与就业指导，以及学生社团管理、团委和学生会指导等。其中，思想政治教育包括：法治教育、心理健康教育、主题思政教育、军训工作、劳动教育、学雷锋志愿者活动、网络思政教育、"三位一体"建设等。日常管理与服务包括新生报到、入学教育活动、毕业典礼、学习支持中心、学生帮困助学、学生综合测评、学生的奖励和处分、学风建设、宿舍管理。就业办主要负责学校就业工作各项工作总体安排，在教务处指导下联合学院专业教师共同负责实施大学生职业发展和就业指导的教学安排。

其中，学生评奖评优和帮困资助工作政策性强，流程要求规范，且由于涉及资金的审批与发放，是学生处进行廉政防控的重点项目。本次主要梳理了校内奖学金、勤工助学、困难认定、学费减免、服兵役学生国家资助管理、学生处分等共计6个项目的管理过程。

2. 控制目标

（1）确保对学生的困难认定科学合理，流程规范；奖、助学金的评定过程公平、公正、公开，流程规范，存档资料完整，奖、助学金的资金准确、按时发放给学生。

（2）确保校内勤工助学工时预算合理、工时支出合理，审批流程规范，勤工助学工资准确、按时发放给学生。

（3）确保学生学费减免的申请和审批流程操作规范，受助对象合乎政策要求，让真正困难的学生及时获得资助。

（4）确保服兵役学生按照国家资助政策享受相应资助，资助申请和审批的流程规范，材料规范，按时、准确、规范发放资金。

（5）确保学生处分和解除处分的流程规范，处分等级合理，操作过程公正。

（6）确保以上相关事项在受理过程中无舞弊和违规违纪违法现象。

3. 相关法规

（1）《普通高等学校学生管理规定》（教育部令第41号）

（2）《学生资助资金管理办法》（财科教〔2019〕19号）

（3）上海市教育委员会　上海市财政局　上海市退役军人事务局　上海市人民政府征兵办公室关于印发《上海市普通高等学校学生资助资金管理实施办法》的通知（沪教委规〔2020〕2号）

（4）教育部　财政部关于印发《高等学校勤工助学管理办法（2018年修订）》的通知（教财〔2018〕12号）

（5）《教育部等六部门关于做好家庭经济困难学生认定工作的指导意见》（教财〔2018〕16号）

（6）《上海市教育委员会等四部门关于上海市家庭经济困难学生认定工作实施意见》（沪教委规〔2019〕7号）

（7）《中共中央　国务院关于加强和改进新形势下高校思想政治工作的意见》（中发〔2016〕31号）

## （二）校学年奖学金管理

1. 风险描述和管控制度

<table>
<tr><td rowspan="4">校学年奖学金管理</td><td>风险描述</td><td>1. **思想道德风险**：权力主体作为育人主体，因从业意识不够深入、私利或自身业务素质有所欠缺等原因，导致在奖学金评定环节自由裁量，评定不公<br><br>2. **岗位职责风险**：权力主体在奖学金评定过程中，对于符合评奖条件人选超出评奖名额时，确定评定人选时，可能会出现私相授受，处理不公的问题，损害学生利益和学校声誉<br><br>3. **制度风险**：需要对出现评奖候选人超出评定名额时采取何种方式予以评定进行制度化的、公开透明的管控，并且对发现的处置不公或私相授受情况进行对应的处置和救济办法<br><br>4. **程序风险**：因程序不规范引发的廉政风险</td></tr>
<tr><td>参考制度</td><td>《学生奖励管理办法》</td></tr>
<tr><td>相关报告/表单</td><td>1. 学年评优通知<br>2. 奖学金登记表<br>3. 奖学金汇总表<br>4. 评优表彰决定<br>5. 奖学金发放清单</td></tr>
<tr><td>责任部门</td><td>学生处</td></tr>
</table>

2. 流程图

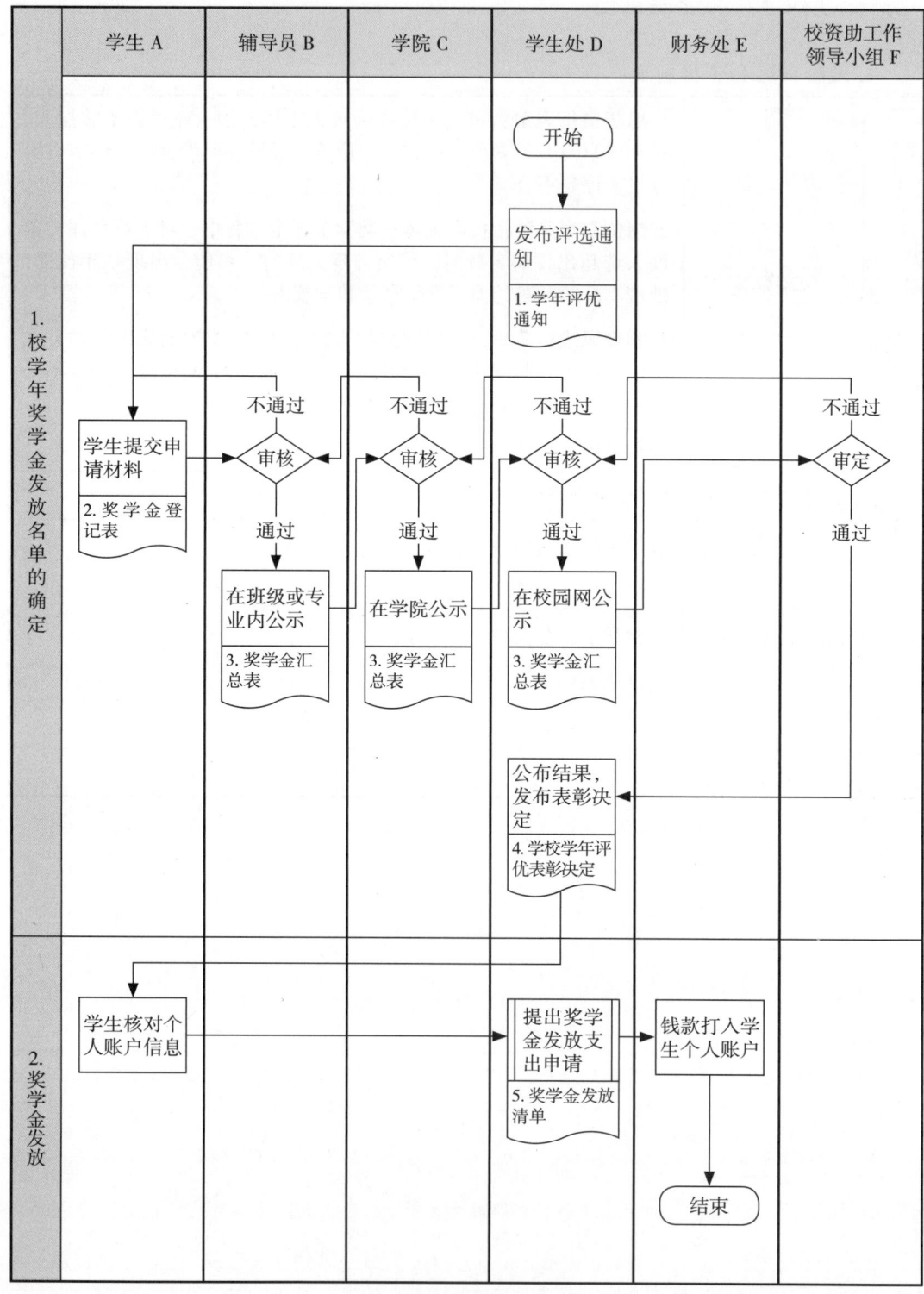

校学年奖学金管理流程图

3. 关键节点描述

| 关键节点 | 流程描述 | 角色 |
| --- | --- | --- |
| D1（1） | 学生处部署工作安排，发布学年评优通知 | 学生处资助管理中心 |
| A1 | 学生按要求提交申请材料 | 学生 |
| B1（1）★ | 各班级辅导员接收学生申请材料，并进行审核，评定奖学金等级 | 辅导员 |
| B1（2）★ | 辅导员将奖学金初评结果在班级或专业公示 | 辅导员 |
| C1（1） | 学院奖助负责人汇总各班初评名单，并由学院主管领导审核并签署意见 | 学院奖助负责人 学院主管领导 |
| C1（2） | 在学院范围内公示 | 学院奖助负责人 |
| D1（2） | 学生处对各学院初评名单进行复核 | 学生处资助管理中心 |
| D1（3）★ | 在学校范围内公示 | 学生处资助管理中心 |
| F1 | 校资助工作领导小组审定，组长签署意见 | 校资助工作领导小组 |
| D1（4） | 学生处公布结果，发布学年评优表彰决定 | 学生处资助管理中心 |
| D2（1） | 学生处制作签收单，组织各学院核对签字；提出奖学金发放申请，进行网上操作 | 学生处资助管理中心 |
| E2 | 财务处根据学生处的申请，走系统审批完成后，发放奖学金 | 财务处 |

## （三）校内勤工助学管理

1. 风险描述和管控制度

| 校内勤工助学管理 | 风险描述 | 1. **思想道德风险**：各权力主体廉洁从业意识淡薄，因任务协调、私利或自身工作懈怠等原因，在学生勤工助学岗位，可能导致指导或审查不力，出现工作疏漏或转移工作量<br><br>2. **岗位职责风险**：未对相关的重要岗位职责及工作程序进行明确规定，用人岗位负责人和部门负责人职责、工作界面较模糊，未对勤工助学使用人和部门负责人审批进行有效分离，用人部门"按需使用和报送"，可能造成相关工作人员使用学生的权力过大，有些本该自己去做的事情安排学生去做，可能导致自由裁量权过大、以权谋私，导致全校勤工预算超支<br><br>3. **制度风险**：过去制定的《勤工助学管理办法》，未对用人部门的使用额度做比较明确的规定，用人部门自由裁量权过大或者缺乏监督，可能导致以权谋私，或造成不必要的浪费<br><br>4. **程序风险**：缺乏重要的监管环节和程序，用人到工时发放，过程监督力度较薄弱，用人部门经办人员统计好工时直接报送到学生处汇总，用人部门领导审核环节缺失；相互缺乏制约和制度，可能导致各权力主体以权谋私 |
|---|---|---|
| | 参考制度 | 《学生勤工助学管理办法》 |
| | 相关报告/表单 | 1. 部门工时预算申报表<br>2. 勤工助学工资发放清单 |
| | 责任部门 | 学生处 |

2. 流程图

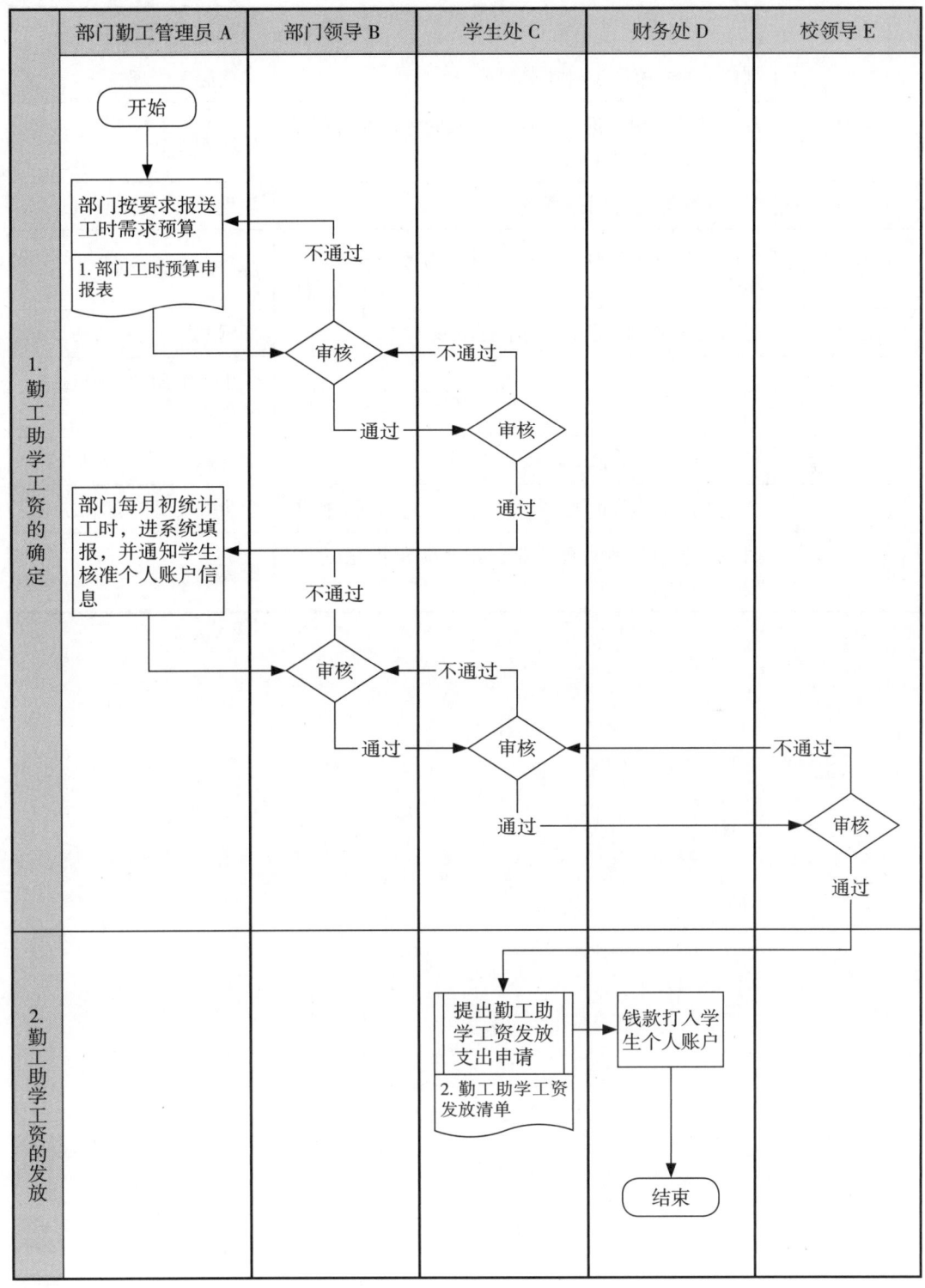

校内勤工助学工资管理流程图

3. 关键节点描述

| 关键节点 | 流程描述 | 角色 |
| --- | --- | --- |
| A1（1） | 部门按要求报送工时需求预算 | 部门勤工管理员 |
| B1（1）★ | 部门领导对预算进行审核，审核同意后交部门勤工管理员报送学生处 | 部门领导 |
| C1（1） | 学生处审核各部门预算情况 | 学生处资助管理中心 |
| A1（2）★ | 部门管理员每月月初统计工时，在勤工助学系统填报 | 部门勤工管理员 |
| B1（2） | 部门领导对工时使用情况进行审核 | 部门领导 |
| C1（2） | 学生处经办人员汇总后，报学生处领导进行审核 | 学生处资助管理中心 学生处处长 |
| E1 | 校领导（财务总监）审核 | 财务总监 |
| C2 | 学生处提出勤工助学工资发放申请，进行网上操作 | 学生处资助管理中心 |
| D2 | 财务处根据学生处的申请，走系统审批完成后，发放勤工助学工资 | 财务处 |

## （四）服兵役学生国家资助管理

1. 风险描述和管控制度

| | | |
|---|---|---|
| 服兵役学生国家资助管理 | 风险描述 | 1. **思想道德风险**：各权力主体廉洁从业意识淡薄，因任务协调、私利或自身工作懈怠等原因，在服兵役学生资助过程中出现工作疏漏<br><br>2. **岗位职责风险**：未对相关的重要岗位职责及工作程序进行梳理，可能导致自由裁量权过大、以权谋私，导致服兵役学生国家资助管理工作出现差错<br><br>3. **制度风险**：未按照《服兵役学生国家教育资助实施细则》操作，工作部门自由裁量权过大或者缺乏监督，可能导致以权谋私，或造成不必要的失误<br><br>4. **程序风险**：操作程序不规范，服兵役学生的学籍、缴费、服兵役情况和受助情况未按要求分别经教务处、财务处、武装部、资助管理部门进行审核确认，可能导致受助额度、受助年限出错 |
| | 参考制度 | 《服兵役学生国家教育资助实施细则》 |
| | 相关报告/表单 | 1. 关于受理服兵役学生申请国家资助的通知<br>2. 服兵役学生国家资助申请表1<br>3. 服兵役学生国家资助申请表2<br>4. 关于大学生服义务兵役国家资助审核情况的报告<br>5. 从系统导出打印的报表<br>6. 服兵役国家资助资金发放名单及发放金额 |
| | 责任部门 | 学生处 |

2. 流程图

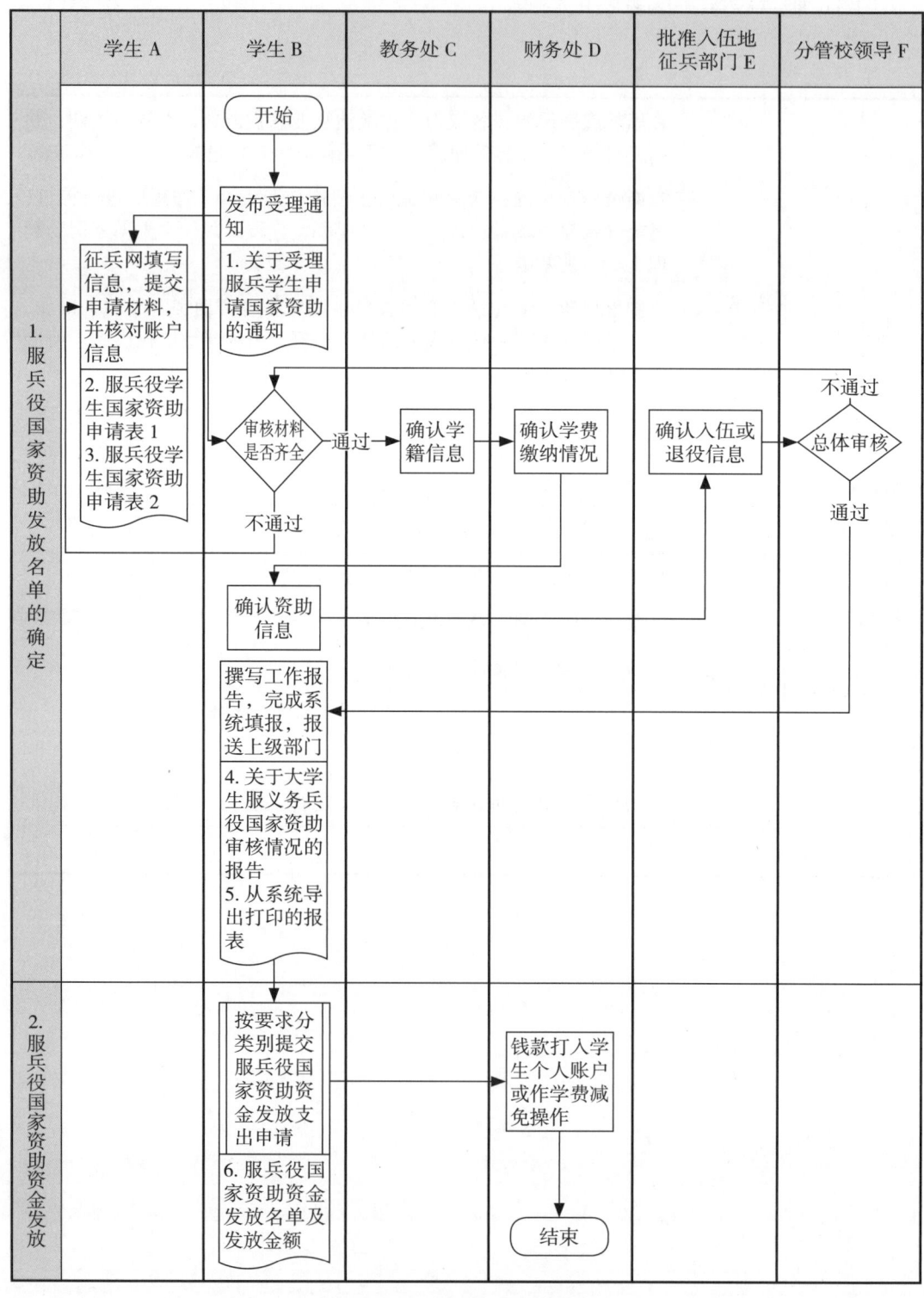

**服兵役学生国家资助管理流程图**

3. 关键节点描述

| 关键节点 | 流程描述 | 角色 |
| --- | --- | --- |
| B1（2）★ | 审核学生材料是否齐全 | 学生处资助管理中心 |
| B1（3） | 确认资助信息是否正确 | 学生处资助管理中心 |
| C1 | 确认学籍信息 | 教务处 |
| E1 | 确认入伍或退役信息 | 批准入伍地征兵部门 |
| B2 | 按要求分别提交服兵役国家资助资金发放支出申请 | 学生处资助管理中心 |
| D2 ★ | 钱款按照要求打入学生个人账户或在每学年为学生作学费减免操作 | 财务处 |

## （五）家庭经济困难学生认定管理

1. 风险描述和管控制度

| | | |
| --- | --- | --- |
| 家庭经济困难生认定管理 | 风险描述 | 1. **思想道德风险**：权力主体廉洁从业意识淡薄，因人情或私利、自身工作不严谨等原因，导致困难评定等级出现不公，可能导致以权谋私 |
| | | 2. **岗位职责**：缺乏对相关重要岗位工作流程的有效监督，在工作中违反民主集中制，也可能导致部分权力下放，未按规范程序组织学生进行家庭经济困难学生资格认定，可能出现实际困难认定结果不公，可能导致以权谋私 |
| | | 3. **制度风险**：各地区经济发展水平高低不同，标准难以统一，可能导致认定等级出现偏差 |
| | | 4. **程序风险**：缺乏相应的管控环节，监控力度薄弱，不易被发现和识别 |
| | 参考制度 | 《家庭经济困难学生认定实施办法》 |
| | 相关报告/表单 | 1. 困难认定通知<br>2. 困难认定申请表 |
| | 责任部门 | 学生处 |

2. 流程图

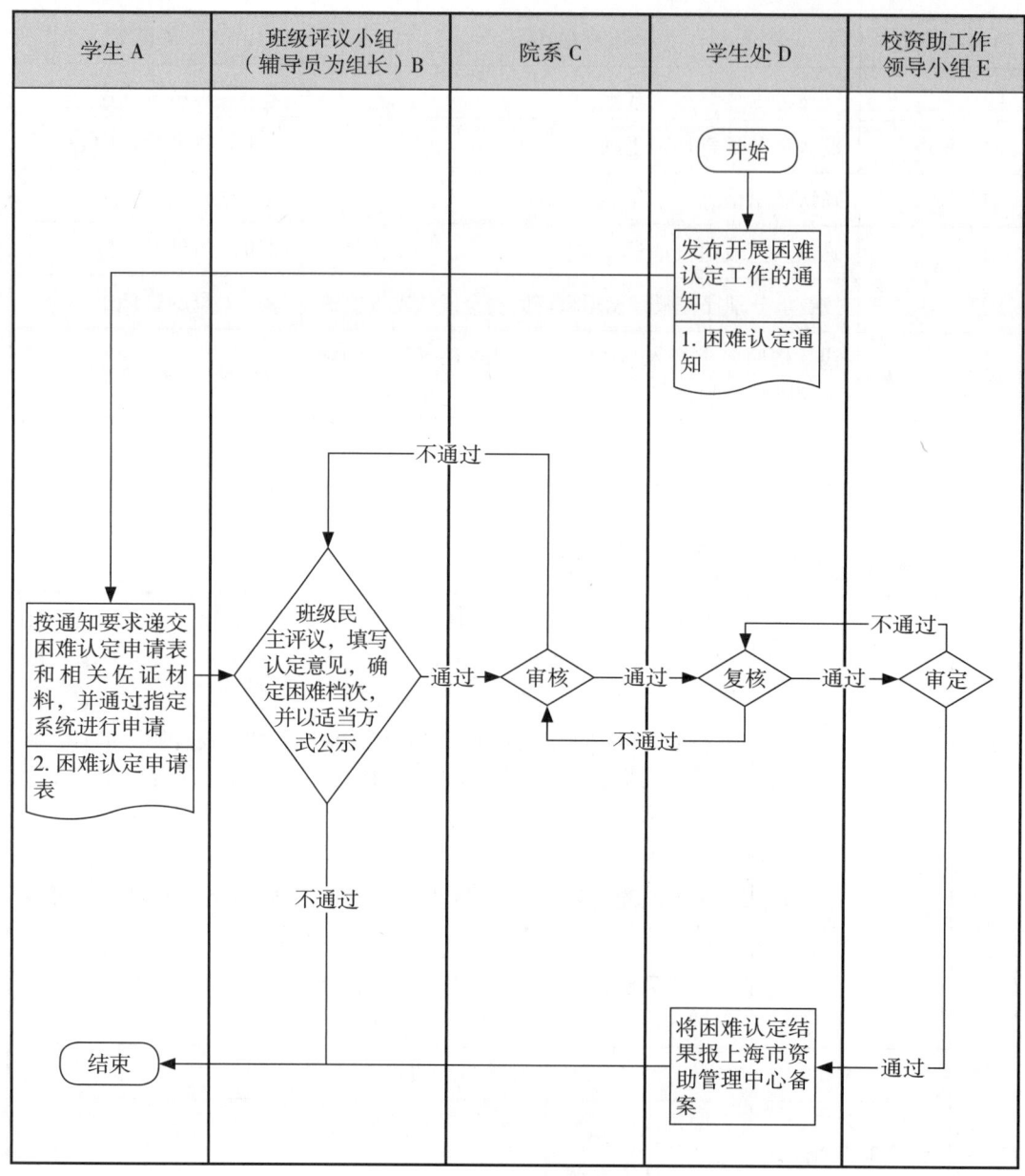

**家庭经济困难认定申请审批流程图**

3. 关键节点描述

| 关键节点 | | 流程描述 | 角色 |
|---|---|---|---|
| D1（1） | | 学生处部署工作安排，发布开展困难认定的通知 | 学生处资助管理中心 |
| A1 | | 学生按要求提交困难认定申请材料 | 学生 |
| B1 | ★ | 各班级开展民主评议，填写认定意见，确定困难档次，并以适当方式公示 | 辅导员 |
| C1 | | 学院奖助负责人汇总各班初评名单，并由学院主管领导审核并签署意见 | 学院奖助负责人 学院主管领导 |
| D1（2） | ★ | 学生处对各学院认定情况进行复核 | 学生处资助管理中心 |
| E1 | | 校资助工作领导小组审定 | 校资助工作领导小组 |
| D1 | | 学生处将困难认定结果报上海市资助管理中心备案 | 学生处资助管理中心 |

## （六）学费减免管理

1. 风险描述和管控制度

| 学费减免管理 | 风险描述 | 1. **思想道德风险**：各权力主体廉洁从业意识淡薄，因人情、私利或自身工作懈怠等原因给特困生进行学费减免登记认定时，可能导致认定不公，减免标准不符合学生实际情况<br>2. **岗位职责风险**：未对相关的重要岗位职责及工作程序进行明确规定，减免申请人、辅导员、学院和审核部门需要职责明确<br>3. **制度风险**：对特困学生的学费减免需综合考虑制定相关的减免认定标准，避免人为自由裁量<br>4. **程序风险**：缺乏重要的监管环节和程序，对于需减免学生的情况和减免额度的认定审批，相互缺乏制约和制度，可能导致各权力主体以权谋私 |
|---|---|---|
| | 参考制度 | 《特困学生学费减免实施办法》 |
| | 相关报告/表单 | 1. 学费减免通知<br>2. 减免学费申请表<br>3. 评审报告 |
| | 责任部门 | 学生处 |

2. 流程图

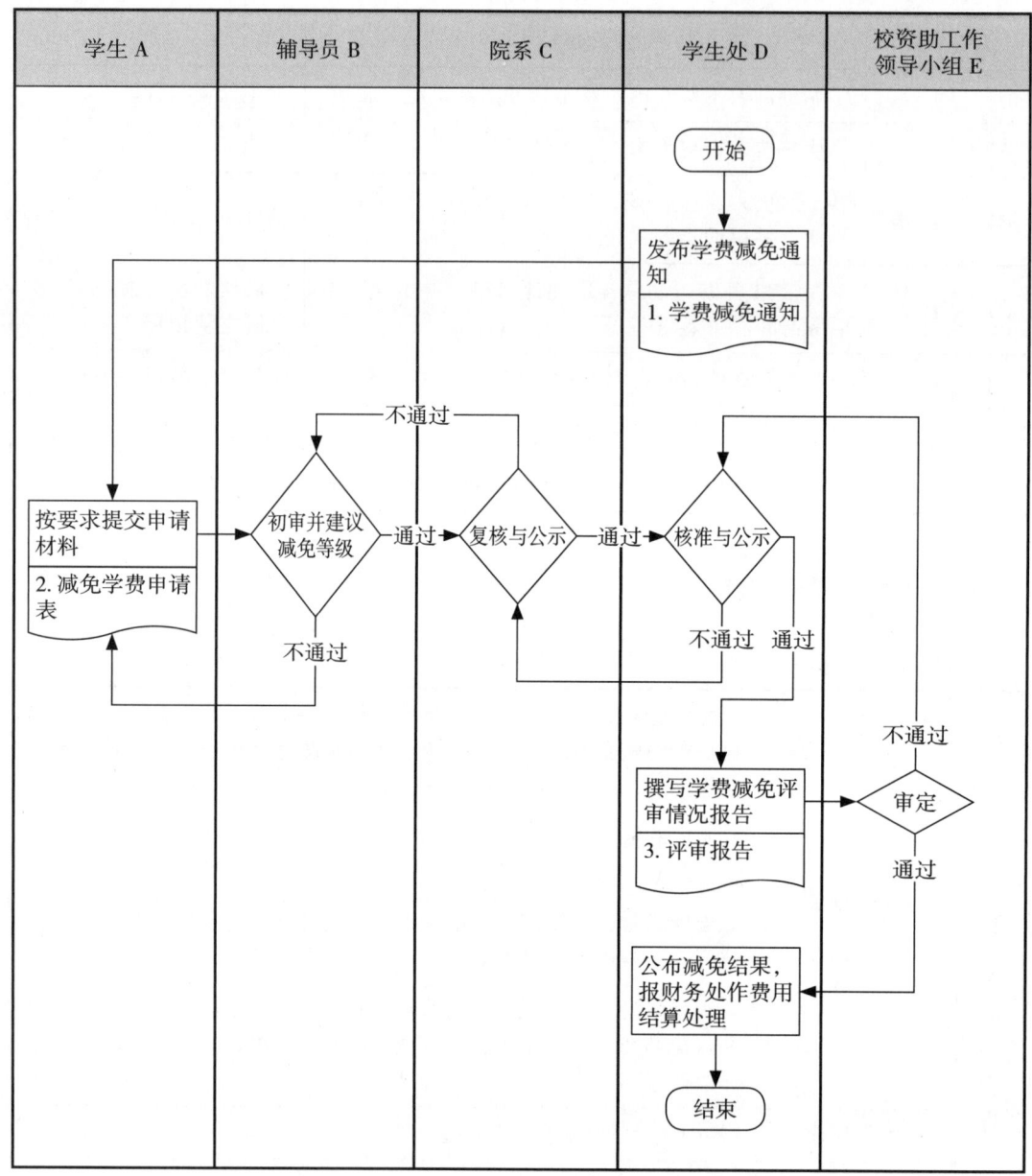

学费减免申请审批流程图

3. 关键节点描述

| 关键节点 | 流程描述 | 角色 |
| --- | --- | --- |
| D1（1） | 学生处发布学费减免通知 | 学生处学生资助管理中心 |
| A1 | 学生提交减免申请材料 | 学生 |
| B1 ★ | 辅导员初审，审核通过的提出建议减免等级 | 辅导员 |
| C1 | 学院复审，报学院主管领导签署意见 | 学院奖助负责人<br>学院主管领导 |
| D1（2）★ | 学生处对材料进行审核，符合减免条件的核准减免等级，报请部门领导签署意见，并公示 | 学生处资助管理中心 |
| E1 | 校资助工作领导小组对减免结果进行审定 | 校资助工作领导小组 |
| D1（4） | 学生处公布减免结果，报财务处作费用结算处理 | 学生处学生资助管理中心　财务处 |

## （七）学生处分管理

1. 风险描述和管控制度

| 学生处分管理 | 风险描述 | 1. **思想道德风险**：各权力主体廉洁从业意识淡薄，因人情、私利等原因给在进行学生处分认定时，可能导致认定不公，处分等级不符合学生实际情况<br>2. **岗位职责风险**：未对相关的重要岗位职责及工作程序进行明确规定，辅导员、学院和审核部门需要职责明确<br>3. **制度风险**：对学生处分需综合考虑制定相关的等级认定标准，避免人为自由裁量<br>4. **程序风险**：缺乏重要的监管环节和程序，对于处分学生的情况和处分等级的认定审批，相互缺乏制约和制度，可能导致处分等级与事实不符 |
| --- | --- | --- |
| | 参考制度 | 1.《学生违纪处分管理办法》<br>2.《学生校内申诉管理办法》 |
| | 相关报告/表单 | 1. 处分登记表<br>2. 处分文件<br>3. 学生违纪处分送达通知书<br>4. 处分解除申请表<br>5. 处分解除文件 |
| | 责任部门 | 学生处 |

2. 流程图

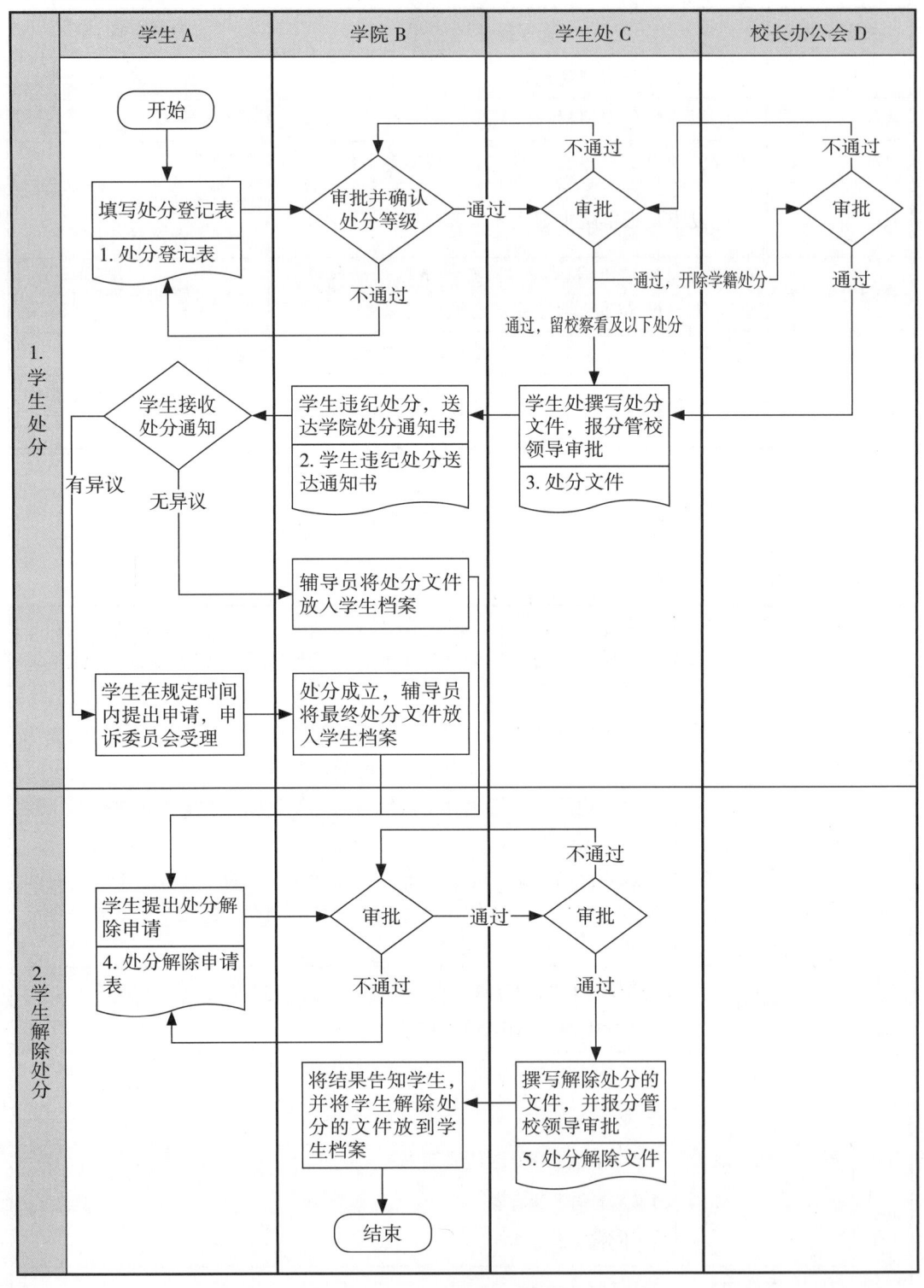

**学生处分及解除流程图**

3. 关键节点描述

| 关键节点 | 流程描述 | 角色 |
|---|---|---|
| A1（1） | 学生填写处分登记表 | 学生 |
| B1（1）★ | 审批并确认处分等级 | 学院 |
| C1（1） | 学生处审批，并报分管校领导审批 | 学生处 |
| D1 | 针对开除学籍的处分，校长办公会进行审批 | 校长办公会 |
| C1（2） | 学生处撰写处分文件，送达学院 | 学生处 |
| A1（2） | 学生接收处分通知 | 学生 |
| B1（3）★ | 辅导员将处分通知装入学生档案 | 学院 |
| A2 | 学生提出处分解除申请 | 学生 |
| B2（1） | 学院审批处分解除申请 | 学院 |
| C2 | 学生处审批并撰写解除处分的文件并报分管校领导审批 | 学生处 |
| B2（2）★ | 辅导员将处分解除文件装入学生档案 | 学院 |

## 三、教学事务内部控制

### （一）基本情况

1. 归口管理

教学事务廉政风险防控由教务处负责。教务处负责学校教学运行的组织和协调；组织学校教学基本建设和改革的实施；组织日常教学过程监控管理和专项评估；负责学生毕业阶段的毕业率、学位授予率的监测。

2. 控制目标

（1）确保成绩录入与更正、课程建设立项、政府专项资金项目申报、政府专项资金项目验收、学生转专业等过程关键因素和关键环节都处于受控状态。

（2）确保信息公开透明，流程规范，无舞弊和违规违纪违法现象。

3. 相关法规

（1）《普通高等学校学生管理规定》（中华人民共和国教育部令第41号）

（2）《教育部关于普通高等学校本科教育评估工作的意见》（教高〔2011〕9号）

（3）《教育部办公厅关于开展普通高等学校本科教学工作合格评估的通知》（教高厅〔2011〕2号）

（4）《教育部关于全面提高高等教育质量的若干意见》（教高〔2012〕4号）

（5）《上海市教育委员会关于公布第四批上海市属用型本科试点专业建设名单的通知》（沪教委高〔2017〕57号）

（6）《上海市教育委员会关于普通高等学校编制发布2017—2018学年本科教学质量报告的通知》（沪教委高〔2018〕59号）

（7）《教育部高等教育司关于实施〈普通高等学校本科专业类教学质量国家标准〉的通知》（教高厅函〔2017〕62号）

（8）《上海市教育委员会关于转发教育部高等教育司关于实施〈普通高等学校本科专业类教学质量国家标准〉的通知》（沪教委高〔2018〕40号）

（9）《上海市教育委员会关于公布2016年度本科预警专业名单的通知》（沪教委高〔2016〕40号）

（10）《上海市教育委员会关于开展市属普通高等学校本科教学工作审核评估的通知》（沪教委高〔2015〕68号）

（11）《上海市教育委员会关于报送深化创新创业教育改革方案的通知》（沪教委高〔2015〕49号）

（12）《上海市教育委员会关于推进本市高校本科专业评估工作的若干意见》（沪教委高〔2015〕18号）

（13）《上海市属普通高等学校本科教育教学审核评估实施方案（2021—2025）》

## （二）成绩录入与更正

1. 风险描述和管控制度

| 成绩录入与更正 | 风险描述 | 1. **思想道德风险**：权力主体法律规范意识淡薄，因人情或利益原因，可能出现删改成绩现象<br>2. **岗位职责风险**：岗位聚焦个别人，可能导致个人权力过大，缺乏监督和制度约束，自由裁量权过大，可能发生擅自篡改成绩现象<br>3. **制度风险**：未清晰明确教师岗位职责，制定奖惩制度，未对岗位教师进行法律道德培训，可能导致法律规则意识薄弱，自由裁量权未有效监督，发生损害学生利益，影响学校声誉的现象<br>4. **程序风险**：成绩更正未经所在学院申请和相关分管领导审批，相关人员擅自更改风险 |
|---|---|---|
| | 参考制度 | 《课程考核管理办法》 |
| | 相关报告/表单 | 1. 课程成绩复核申请表<br>2. 教师更正学生成绩审核表 |
| | 责任部门 | 教务处 |

2. 流程图

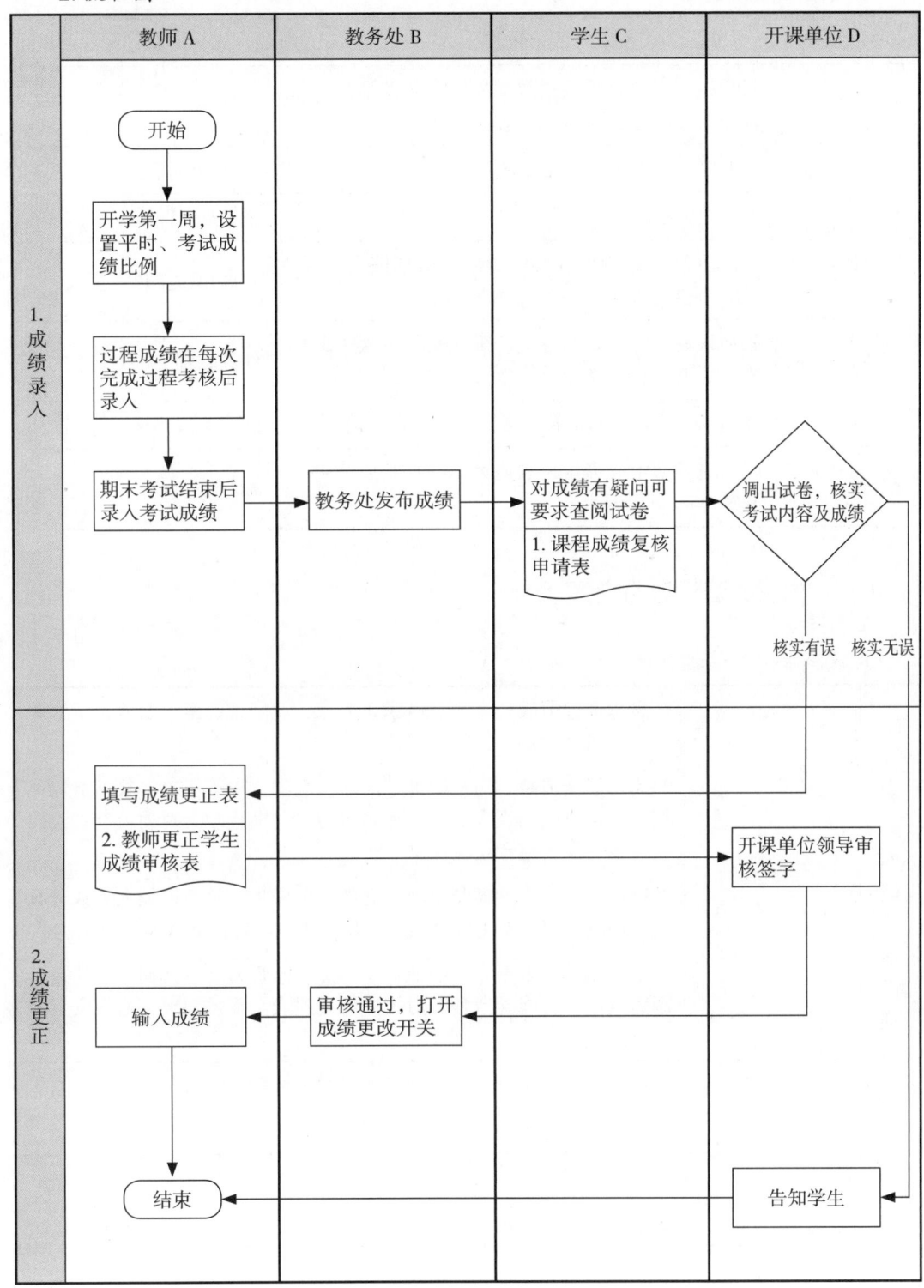

**成绩录入与更正流程图**

3. 关键节点描述

| 关键节点 | 流程描述 | 角色 |
| --- | --- | --- |
| A1（1） | 开学第一周，教师根据教学大纲在教务系统内设置过程考核与期末考核的成绩比例 | 任课教师 |
| A1（2）★ | 教师按照学生考试情况准确无误录入成绩 | 任课教师 |
| B1 | 教务处发布成绩 | 教务处 |
| D1 | 开课单位接到学生查卷申请后，认真核实试卷，给出查卷结论 | 开课单位工作人员 |
| A2（1）★ | 教师认真核实学院结论，若确实阅卷有误，填写成绩更正申请表交学院审批 | 任课教师 |
| D2 | 开课单位领导根据查卷结果，审核教师申请 | 开课单位领导 |
| B2 ★ | 教师更正学生成绩审核表通过后，打开成绩更改开关 | 教务处 |

## （三）内涵式建设项目立项

1. 风险描述和管控制度

| 内涵式建设项目立项 | 风险描述 | 1.**思想道德风险**：权力主体职业道德、规则规范意识淡薄，玩忽职守，不当使用权利，以权谋私<br><br>2.**岗位职责风险**：岗位职责不清晰，立项要求不明确，缺乏量化考核标准，可能出现人情立项和利益均沾立项，缺乏对项目负责人岗位监督，发生随意立项现象<br><br>3.**制度风险**：未清晰制定项目立项管理规定，随意性较大。缺乏有效的制度规定，发生资金浪费现象，影响学校内涵式建设质量<br><br>4.**程序风险**：缺乏立项论证程序，过程监管力度较薄弱。立项缺乏跟踪程序，可能导致各权力主体虚假建设、重复建设，造成资金浪费风险 |
| --- | --- | --- |
| | 参考制度 | 1.《教学改革和教学基本建设项目管理办法》<br>2.《课程建设管理办法》 |
| | 相关报告/表单 | 1. 立项申请书<br>2. 评审专家意见表 |
| | 责任部门 | 教务处 |

2. 流程图

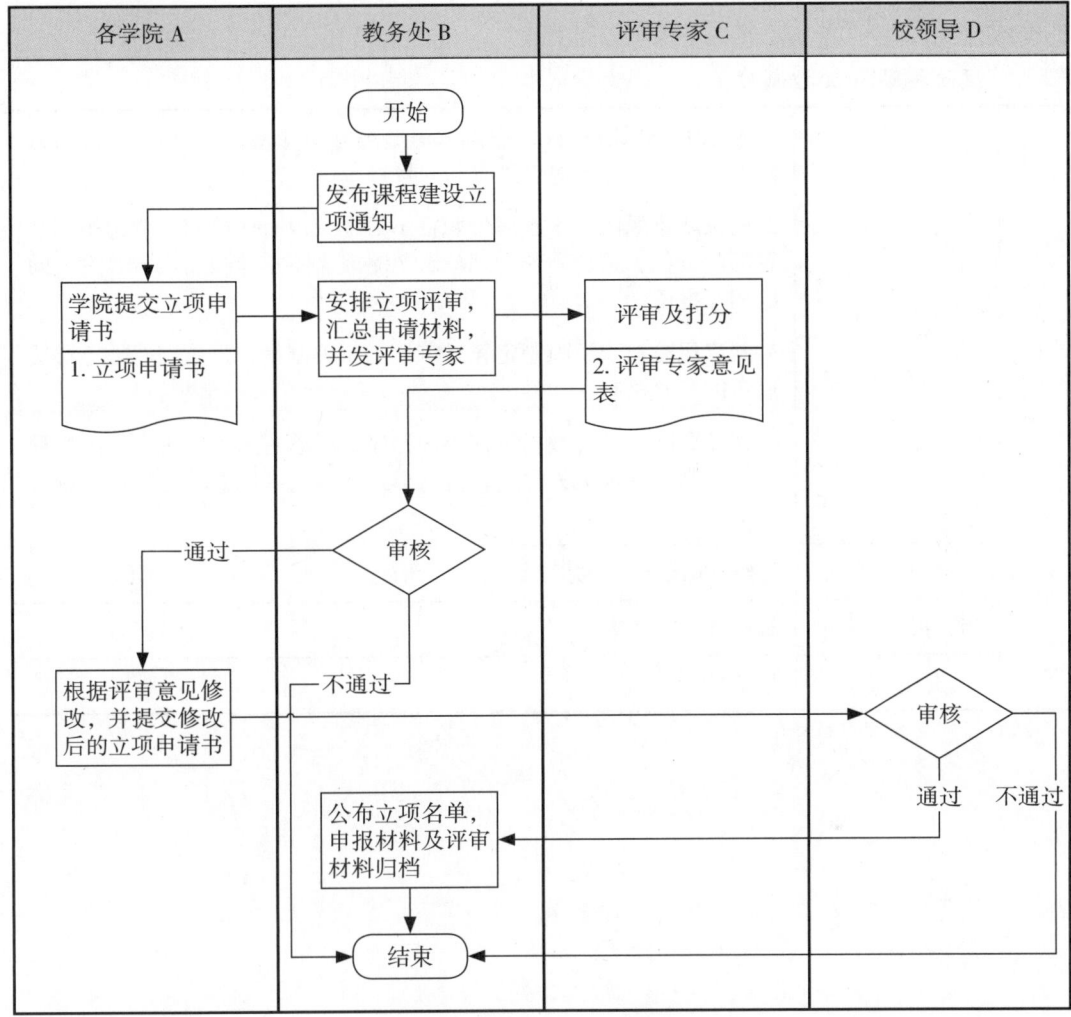

内涵式课程项目立项流程图

3. 关键节点描述

| 关键节点 | 流程描述 | 角色 |
| --- | --- | --- |
| B1（1） | 发布课程建设立项通知 | 教务处 |
| A1（1） | 学院提交立项申请书 | 各学院 |
| B1（2） | 汇总项目评审材料发审核专家 | 教务处 |
| C1　　★ | 评审打分 | 评审专家 |
| B1（3） | 审核 | 教务处 |
| D1 | 审批 | 校领导 |

## （四）教材选用审核

1. 风险描述和管控制度

| 教材选用审核 | 风险描述 | 1. **思想道德风险**：权力主体意识形态意识淡薄，因个人职称需要、物质利益等，选择对自己有利的教材 |
|---|---|---|
| | | 2. **岗位职责风险**：审核岗位职责不清晰，没有明确院系党组织和主管部门责任，造成不作为现象。忽略或者不审核教材内容，发生问题相互推诿 |
| | | 3. **制度风险**：未清晰制定教材审核的相关制度，发生问题缺乏层层追责的有效机制 |
| | | 4. **程序风险**：缺乏教材审核明确程序，虽然有多人管理，但因为程序不清晰，造成无人尽责。可能导致教材选择随意和意识形态相关风险 |
| | 参考制度 | 《教材建设与管理办法》 |
| | 相关报告/表单 | 教材征订审核表 |
| | 责任部门 | 教务处 |

2. 流程图

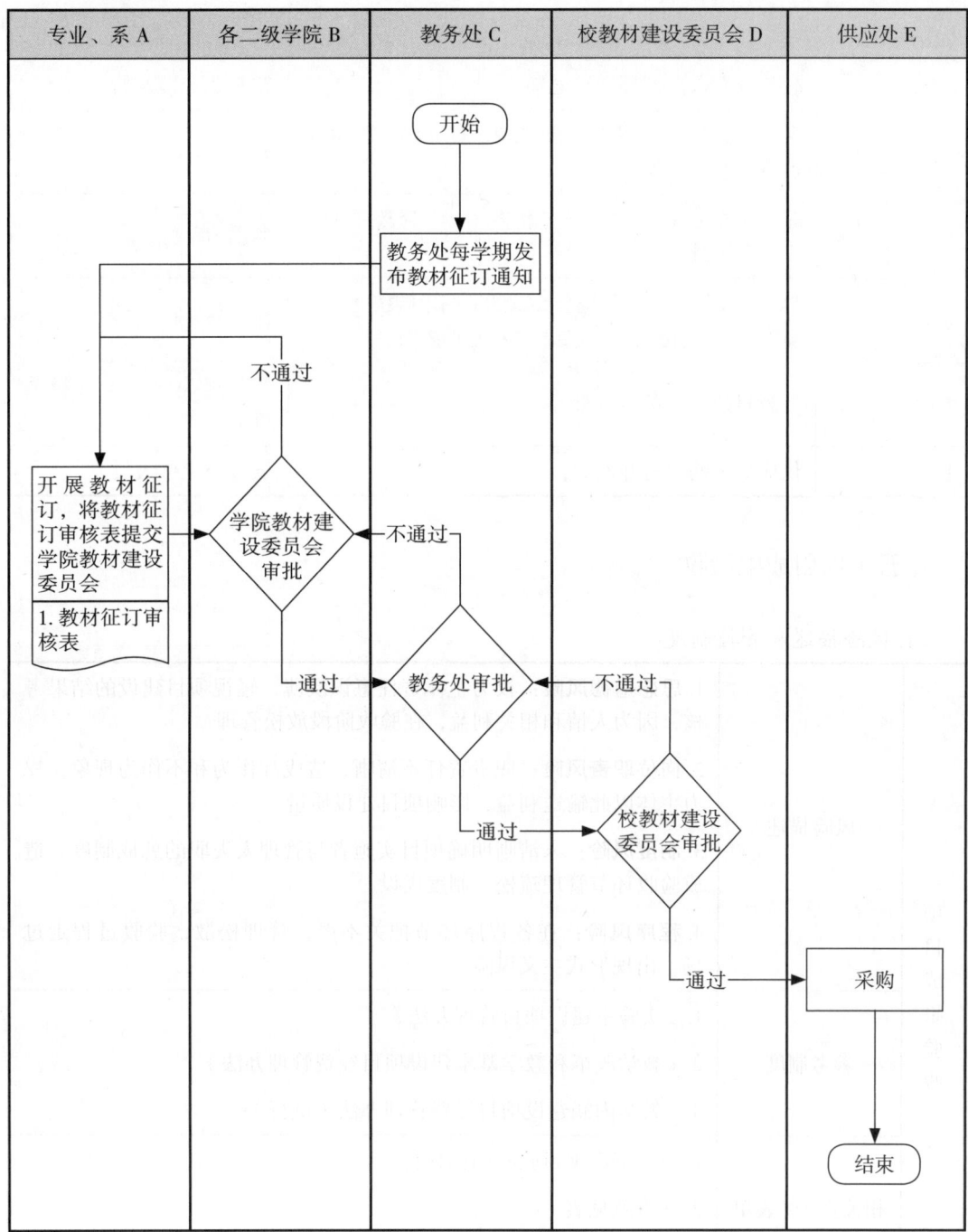

**教材选用审核流程图**

3. 关键节点描述

| 关键节点 | | 流程描述 | 角色 |
|---|---|---|---|
| C1（1） | | 教务处发布征订教材的通知 | 教务处工作人员 |
| A1 | | 专业、系填写教材征订审核表，提交学院教材建设委员会 | 教师 |
| B1 | ★ | 各二级学院提交教材征订审核表，学院教材建设委员会审批 | 各教学单位 |
| C1（2） | ★ | 教务处安排评审，不符合要求的退回学院按要求重新申报，符合要求的送至校教材建设委员会审批 | 教务处工作人员 |
| D1 | ★ | 校教材建设委员会审批 | 校教材建设委员会相关负责人 |
| E1 | | 供应处采购教材并发放 | 供应处工作人员 |

## （五）项目成果验收

1. 风险描述和管控制度

| 项目成果验收 | 风险描述 | 1. **思想道德风险**：权力主体责任意识淡薄，轻视项目建设的结果考核，因为人情和相关利益，在验收阶段放松管理<br>2. **岗位职责风险**：职责责任不清晰，造成乱作为和不作为现象；权力主体以此输送利益，影响项目建设质量<br>3. **制度风险**：未清晰明确项目实施者与管理人失职的惩戒制度，造成验收环节管理疏松，制度虚设<br>4. **程序风险**：在各程序环节把关不严，管理松散，验收过程走过场，出现形式主义风险 |
|---|---|---|
| | 参考制度 | 1.《实验室建设项目管理办法》<br>2.《教学改革和教学基本建设项目经费管理办法》<br>3.《教学内涵建设项目经费管理办法（试行）》 |
| | 相关报告/表单 | 1. 专项资金项目验收归档材料<br>2. 评审意见表<br>3. 专项资金项目验收总结报告 |
| | 责任部门 | 教务处 |

2. 流程图

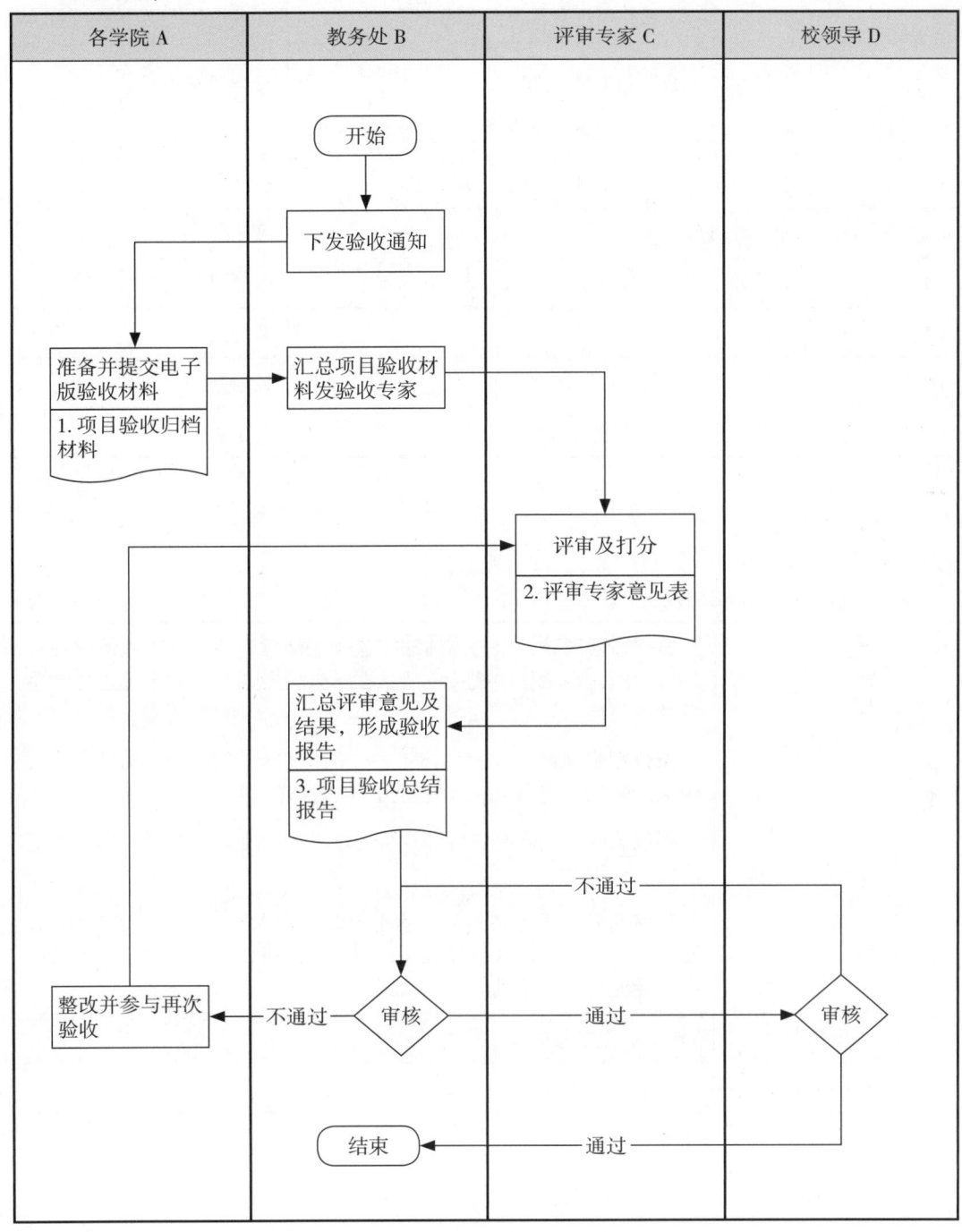

**项目成果验收流程图**

3. 关键节点描述

| 关键节点 | 流程描述 | 角色 |
| --- | --- | --- |
| B1（1） | 下发专项资金项目验收通知 | 教务处 |
| A1（1） | 准备并提交电子版验收材料，报送验收时间地点 | 各学院 |
| B1（2） | 汇总各项目验收的时间、地点，发送验收专家 | 教务处 |
| C1 ★ | 评审及打分 | 评审专家 |
| B1（3） | 汇总评审意见及结果，形成验收报告 | 教务处 |
| B1（4）★ | 审核 | 教务处 |
| D1 | 审批 | 校领导 |
| A1（2） | 整改并参与再次验收 | 各学院 |

## （六）转专业

1. 风险描述和管控制度

| | | |
| --- | --- | --- |
| 转专业 | 风险描述 | 1.**思想道德风险**：权力主体法律道德廉洁意识淡薄，因人情或各种利益原因，在工作中把关不严，在学生转专业申请和审批过程中违反学校纪律<br><br>2.**岗位职责风险**：权力主体不遵守岗位职责，擅自超越职责范围，因缺乏奖惩力度，出现以权谋私，擅自满足利益相关者诉求的风险<br><br>3.**制度风险**：制度制定后，执行力度差，制度成为摆设；缺乏制度落实有效机制<br><br>4.**程序风险**：学生转专业申请不及时，转入与转出学院考核薄弱，随意性较大，不遵守审核程序；在本部门审核环节，会出现罔顾规则，随便转专业的风险 |
| | 参考制度 | 《转专业实施细则》 |
| | 相关报告/表单 | 转专业申请表 |
| | 责任部门 | 教务处 |

2. 流程图

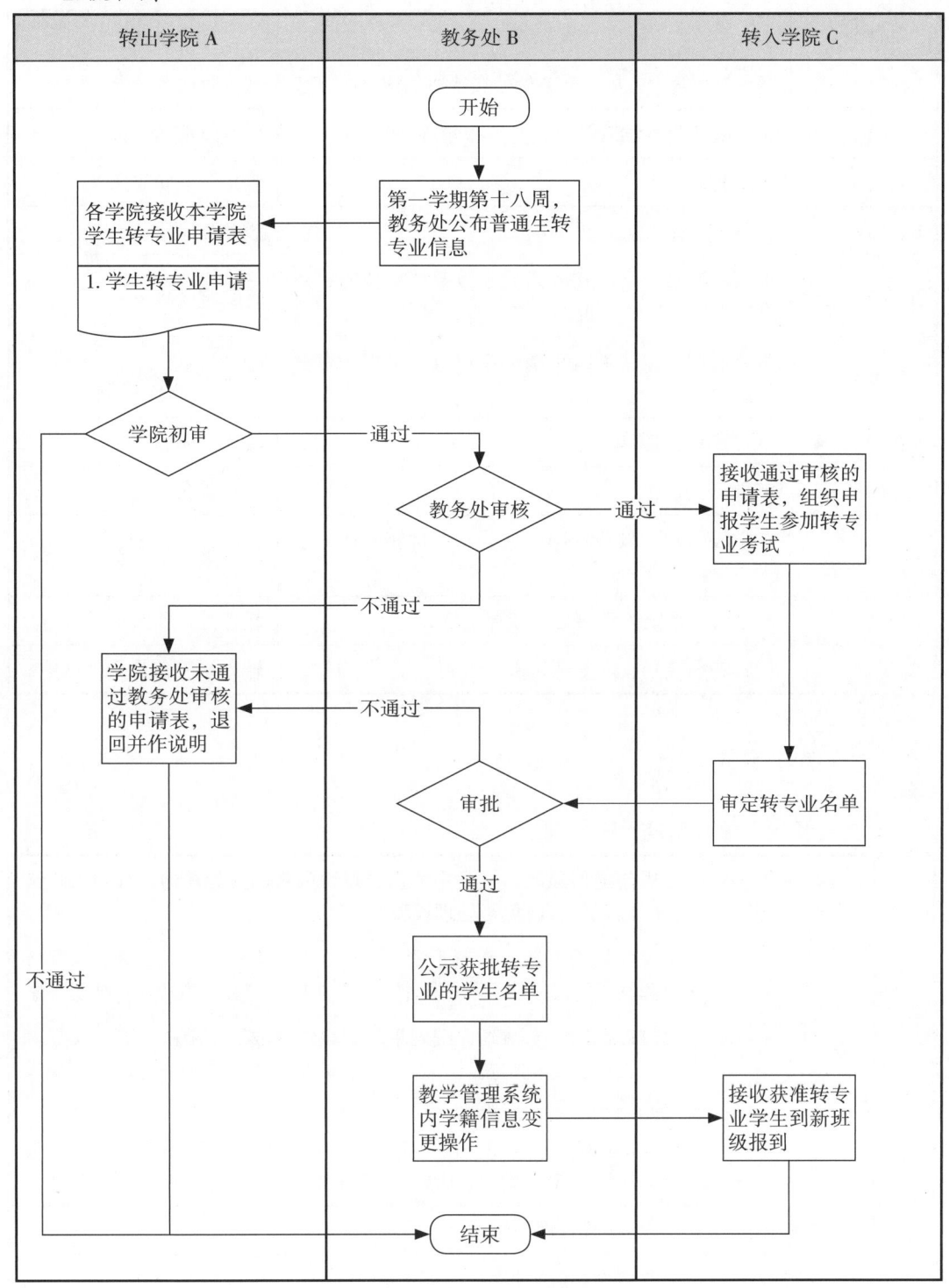

跨学院转专业流程图

3. 关键节点描述

| 关键节点 | 流程描述 | 角色 |
|---|---|---|
| B1（1） | 第一学期第十八周，教务处公布普通生转专业信息 | 教务处工作人员 |
| A1（1） | 各学院接收本学院学生转专业申请表 | 转出学院负责人 |
| A1（2） | 学院初审 | 转出学院负责人 |
| B1（2）★ | 教务处审核 | 教务处 |
| A1（3） | 审核不通过，学院接收未通过教务处审核的申请表，退回学生并作说明 | 各教学单位 |
| C1（1） | 审核通过，接收通过审核的申请表，组织转专业考试 | 转入学院负责人 |
| C1（2）★ | 审定转专业名单 | 转入学院负责人 |
| B1（3） | 审批 | 教务处负责人 |
| B1（4） | 在学校网站、教务处网站上公示获批转专业的学生名单 | 教务处工作人员 |
| B1（5） | 教学管理系统内学籍信息变更操作 | 教务处工作人员 |
| C1（4） | 接收获准转专业学生到新班级报到 | 转入学院负责人 |

## （七）教学事故认定

1. 风险描述和管控制度

| 教学事故认定 | 风险描述 | 1. **思想道德风险**：权力主体担当意识和规则意识淡薄，面对人情请托，出现从轻或免于处理现象<br><br>2. **岗位职责风险**：权责不清，可能导致个人权力过大，缺乏监督环节和制度约束，自由裁量权过大，发生应认定教学事故而不认定现象<br><br>3. **制度风险**：未清晰详细列举教师教学事故认定范围，制定奖惩制度，自由裁量范围宽泛，发生教学事故标准不明确，造成制度虚设或无制度可依的现象<br><br>4. **程序风险**：认定事故由上而下还是由下而上，权责未清晰划分，造成一旦发生教学事故，出现二级单位说情请托现象，最后不了了之 |
|---|---|---|
| | 参考制度 | 《教学事故管理办法》 |
| | 相关报告/表单 | 教学事故学院上报单 |
| | 责任部门 | 教务处 |

2. 流程图

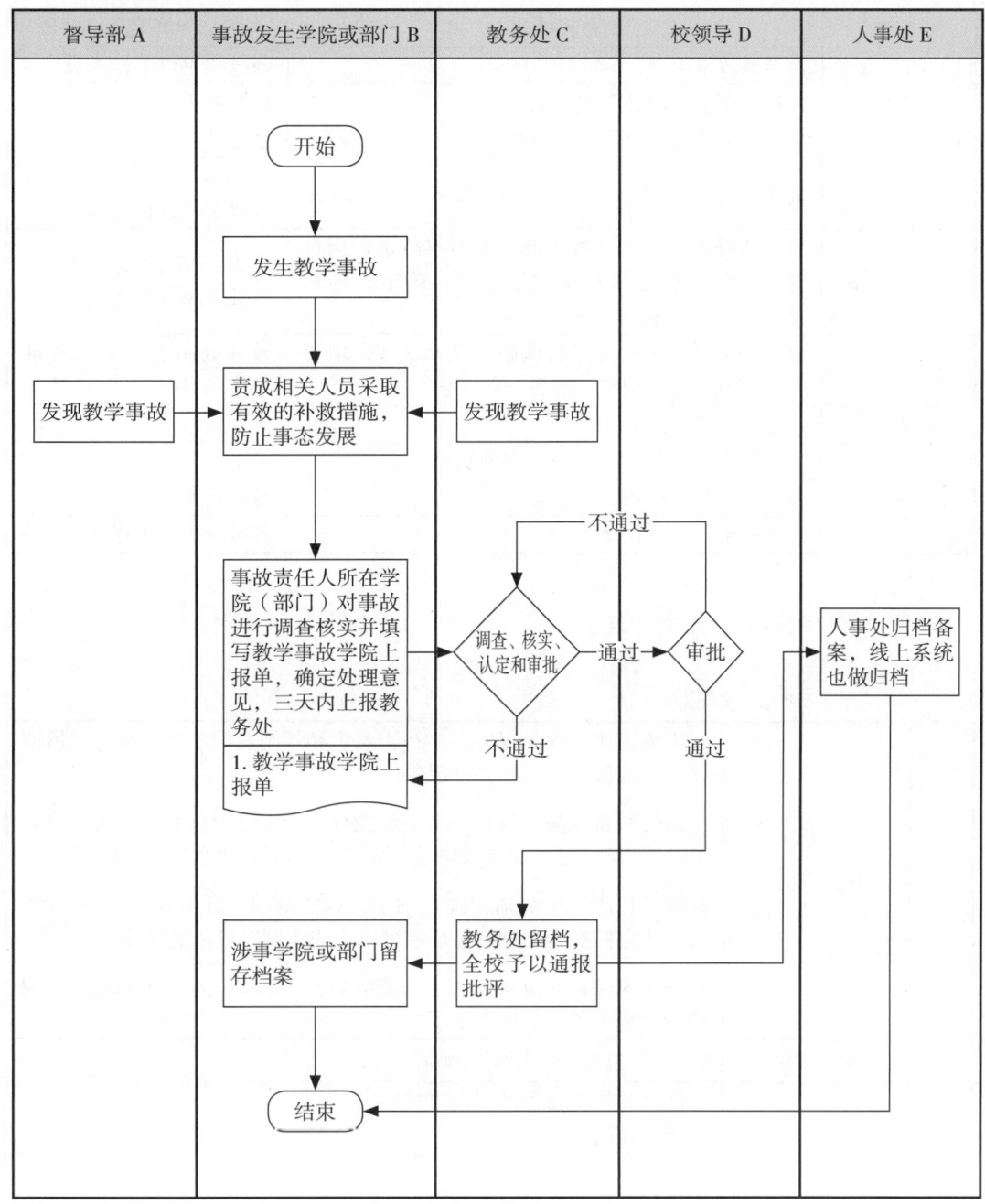

**教学事故认定流程图**

3. 关键节点描述

| 关键节点 | 流程描述 | 角色 |
| --- | --- | --- |
| B1（1） | 教学事故发生 | 各教学单位工作人员 |
| A1（1） | 由督导部认定的教学事故发生 | 督导部工作人员 |
| C1（1） | 由教务处认定的教学事故发生 | 教务处工作人员 |
| B1（2） | 责成相关人员采取有效的补救措施，防止事态发展 | 各教学单位工作人员、各教学单位负责人 |
| B1（3）★ | 事故责任部门所在学院（部门）对事故进行调查核实并填写教学事故学院上报单，确定处理意见，三天内上报教务处 | 各教学单位工作人员、各教学单位负责人 |
| C1（2） | 会同相关部门负责人进行调查核实和认定，填写教学事故学院上报单，准备一式三份 | 教务处负责人、教务部工作人员 |
| D1（1）★ | 由分管校长审批签字 | 分管校领导 |
| E1（1） | 人事处归档备案，线上系统也做归档 | 人事处工作人员 |
| C1（3） | 教务处留档，全校予以通报批评 | 教务处工作人员 |
| B1（4） | 学院或部门留存档案 | 各教学单位工作人员 |

## （八）本科生学位认定管理

1. 风险描述和管控制度

<table>
<tr><td rowspan="4">本科生学位认定管理</td><td>风险描述</td><td>1. 思想道德风险：权力主体担当意识和规则意识淡薄，面对人情请托，出现偏于事实的处理现象<br><br>2. 岗位职责风险：权责不清，可能导致个人权力过大，缺乏监督环节和制度约束，自由裁量权过大，发生不应认定学位而认定现象<br><br>3. 制度风险：未清晰详细列举学位认定范围，自由裁量范围宽泛，发生认定标准不明确，造成制度虚设或无制度可依的现象<br><br>4. 程序风险：学位认定程序未清晰划分，造成一旦发生问题，出现说情请托现象，最后不了了之</td></tr>
<tr><td>参考制度</td><td>《学士学位授予工作实施细则》</td></tr>
<tr><td>相关报告/表单</td><td>1. 满足学位预授条件的支撑材料<br>2. 成绩证明<br>3. 决议报告<br>4. 预授学位学生情况统计表<br>5. 议题<br>6. 学生名单<br>7. 特殊情况说明<br>8. 表决票</td></tr>
<tr><td>责任部门</td><td>教务处</td></tr>
</table>

2. 流程图

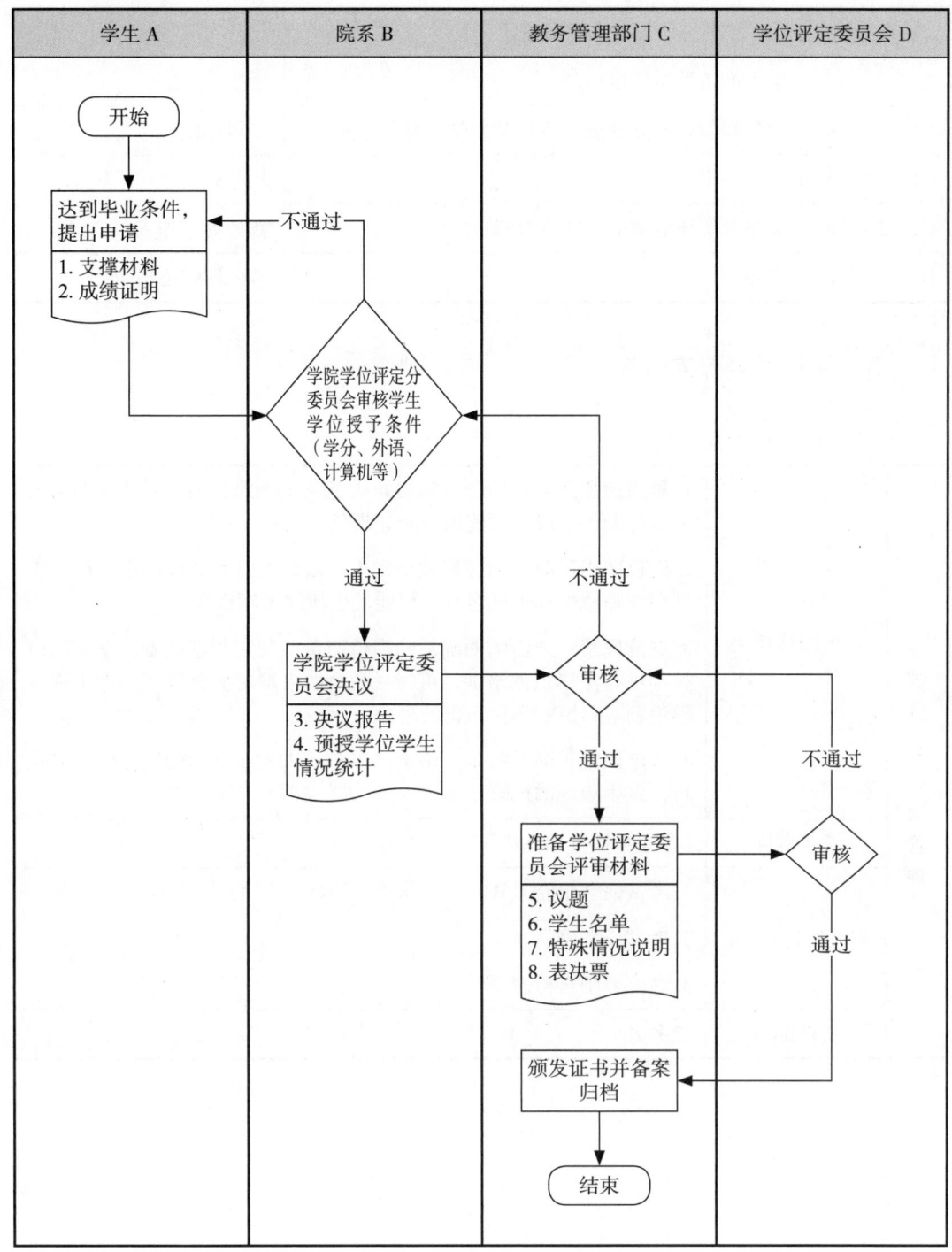

本科生学位认定管理流程图

3. 关键节点描述

| 关键节点 | 流程描述 | 角色 |
| --- | --- | --- |
| A1 | 学生准备学位认定材料 | 学生 |
| B1 ★ | 学院学位评定分委员会审核学生学位预授条件 | 二级学院 |
| C1（1）★ | 教务处审核 | 教务处 |
| C1（2）★ | 准备学位评定委员会评审材料 | 教务处工作人员 |
| D1 ★ | 审核 | 学位评定委员会 |

## （九）考试试卷保密管理

1. 风险描述和管控制度

| 考试试卷保密管理 | 风险描述 | 1. **思想道德风险**：命题教师法律规范意识淡薄，因外界非法向命题人员行贿等手段，可能出现泄题现象<br><br>2. **岗位职责风险**：岗位聚焦个别人，缺乏监督和制度约束，命题管理存在随意性和不确定性，可能发生泄露考题现象<br><br>3. **制度风险**：未清晰明确教师岗位职责，制定奖惩制度，未对岗位教师进行法律道德培训，可能导致命题人缺乏监督管理，发生损害学生利益，影响学校声誉的现象<br><br>4. **程序风险**：命题教师资格未经审核，未按照试卷命题保密要求执行，发生泄题的风险 |
| --- | --- | --- |
| | 参考制度 | 《课程考核管理办法》 |
| | 相关报告/表单 | 1. 考试命题组卷通知<br>2. 考试任务确认表<br>3. 命题教师自检表 |
| | 责任部门 | 教务处 |

2. 流程图

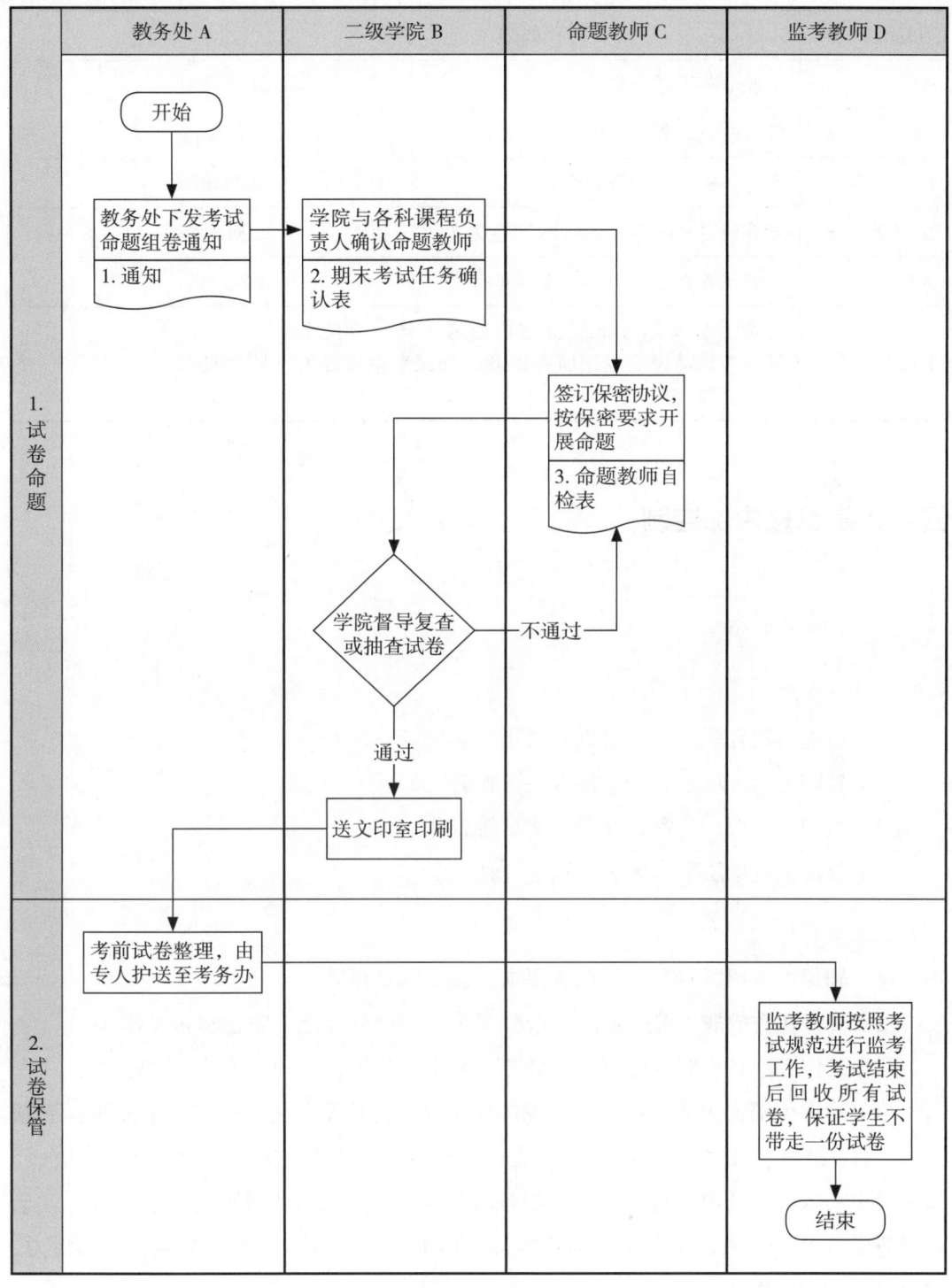

考试试卷保密流程图

3. 关键节点描述

| 关键节点 | 流程描述 | 角色 |
|---|---|---|
| A1 | 下发命题组卷通知 | 教务处 |
| B1（1）★ | 确认命题教师 | 二级学院 |
| C1 | 签订保密协议，开始命题 | 命题教师 |
| B1（2）★ | 复查或自查试卷，通过的试卷送文印室印制 | 二级学院 |
| A2 | 考前试卷整理，由专人送至考务办 | 教务处 |
| D1 | 监考教师按照考试规范进行监考工作，管控全场，考试结束后收回所有试卷，确保考生不带走一份试卷 | 监考教师 |

## 四、人事管理内部控制

### （一）基本情况

1. 归口管理

（1）负责全校教职员工的引进、录用、调配。

（2）教职工培训培养、专业技术职务晋升。

（3）教职工考核、薪资、社保、奖惩等工作。

（4）负责全校中层干部选拔、调配、任免。

2. 控制目标

（1）确保人员招聘符合岗位编制要求，确保人员招聘公平公正。

（2）确保优秀教职工等奖项的评选公平公正、流程规范，防止暗箱操作。

（3）确保专业技术职务评审工作公开、公平、公正，流程规范符合聘任要求。

（4）确保干部选拔任用符合岗位编制要求，确保公平公正，坚持以下原则：五湖四海、任人唯贤；德才兼备、以德为先；爱校荣校，奉献建桥；注重实绩、群众公认；民主、公开、竞争、择优。确保把各级领导班子建设成为贯彻党的教育方针，全力推进学校转型发展，全心全意为广大师生服务，结构合理、团结坚强、充满活力、群众公认的领导集体。

（5）确保信息公开透明，流程规范，无舞弊和违规、违纪、违法现象。

3. 相关法规

（1）中共中央印发《党政领导干部选拔任用工作条例》（2019 年版）

（2）《上海市教育委员会关于进一步优化市属公办高等学校教师职务和其他专业技术职务聘任管理工作的通知》（沪教委人〔2018〕91 号）

## （二）人员招聘管理

1. 风险描述和管控制度

| | | |
|---|---|---|
| 人员招聘管理 | 风险描述 | 1. **思想道德风险**：各权力主体廉洁从业意识淡薄，因人情或私利等原因，造成在教职工招聘计划制定与实施、招聘审批等方面不作为，可能导致招聘的教职工不符合学校的用人要求甚至招聘失败<br><br>2. **岗位职责风险**：对教职工招聘实施、审批等岗位职责未明确界定，随意性大，未对不相容岗位进行有效分离，可能导致各权力主体工作界面不清，责任推诿，以权谋私，从而导致招聘的员工不符合学校用人要求<br><br>3. **制度风险**：教职工招聘计划制定与实施、招聘审批等的制度不健全不完善，缺乏相互制约，或制度不符合实际，缺乏可操作性，可能造成各权力主体以权谋私，不作为或无法正确履行职责导致招聘失败<br><br>4. **程序风险**：招聘需求提出时学校相关人员出于人情或私利倾向性地提出人员招聘需求，或相关权力主体以权谋私，批准不符合学校实际情况的招聘需求，导致编制的人员招聘不符合学校实际需求；招聘程序实施过程中，未严格按照招聘申请实施招聘，未对招聘人员进行简历筛选和资料审查，重要职务未进行背景调查，相关权力主体以权谋私，利用职务之便进行不公正的评分或倾向性评分，可能导致招聘的人员不具备或不满足招聘岗位需求；招聘结果审批过程中，不按照学校规定审批程序批准录用人员，个人决定录用人员名单或利用职务之便改变拟录用人员的名单，可能导致以权谋私，招聘教职工不符合学校要求 |
| | 参考制度 | 《教职工招聘管理办法》 |
| | 相关报告/表单 | 1. 招聘申请表<br>2. 年度招聘计划<br>3. 人员录用登记审核表<br>4. 录用通知书<br>5. 劳动合同 |
| | 责任部门 | 人事处 |

2. 流程图

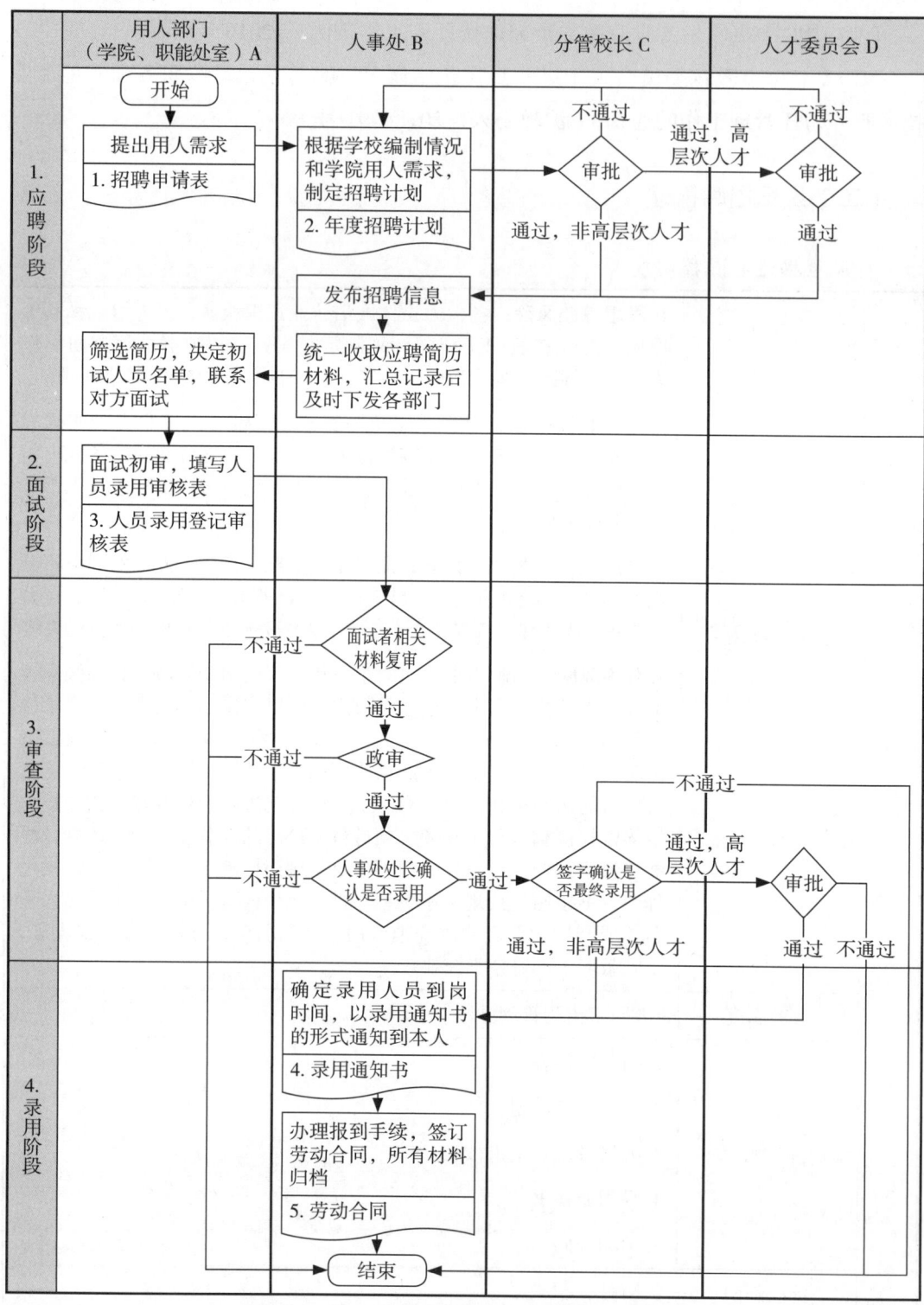

**人员招聘管理流程图**

3. 关键节点描述

| 关键节点 | 流程描述 | 角色 |
| --- | --- | --- |
| B1 | 人事处根据学校编制情况和学院用人需求，制定招聘计划 | 人事处 |
| C1 | 分管校长审批 | 分管校长 |
| D1 | 人才委员会审批 | 人才委员会 |
| A1 | 用人部门筛选材料，决定初试人员名单，并联系对方面试 | 用人部门 |
| A2 ★ | 用人单位组织面试初审 | 用人部门 |
| B3（1） | 人事处组织复审 | 人事处 |
| B3（2）★ | 政审 | 人事处 |
| B3（3） | 人事处处长审核 | 人事处 |
| C1 | 分管校长审核 | 分管校长 |
| D1 | 人才委员会对高层次人才进行审批 | 人才委员会 |

## （三）优秀教职工评选

1. 风险描述和管控制度

| 优秀教职工评选 | 风险描述 | 1. **思想道德风险**：各权力主体廉洁从业意识淡薄，因人情或私利等原因，造成在优秀奖评选实施、审批等方面不作为，可能导致优秀奖评选失败<br><br>2. **岗位职责风险**：对优秀教职工评选职责未明确界定，随意性大，可能导致各权力主体工作界面不清，责任推诿，以权谋私，从而导致评选出的优秀教职工不符合学校评选要求<br><br>3. **制度流程风险**：优秀教职工评选的制度不健全不完善，缺乏相互制约，或制度不符合实际，缺乏可操作性，可能造成各权力主体以权谋私，不作为或无法正确履行职责导致评选失败<br><br>4. **程序风险**：候选人提出学校相关人员出于人情或私利倾向性地提出候选人，或相关权力主体以权谋私，批准不符合评选要求的候选人评选程序实施：未严格按照评选程序实施，未对候选人资格进行审查，相关权力主体以权谋私，利用职务之便进行不公正的评分或倾向性评分，可能导致评选出的获奖人员不符合评选要求 |
|---|---|---|
| | 参考制度 | 《优秀教职工评选管理办法》 |
| | 相关报告/表单 | 1. 评优通知<br>2. 推优申报表<br>3. 打分汇总表<br>4. 办公会会议纪要 |
| | 责任部门 | 人事处 |

2. 流程图

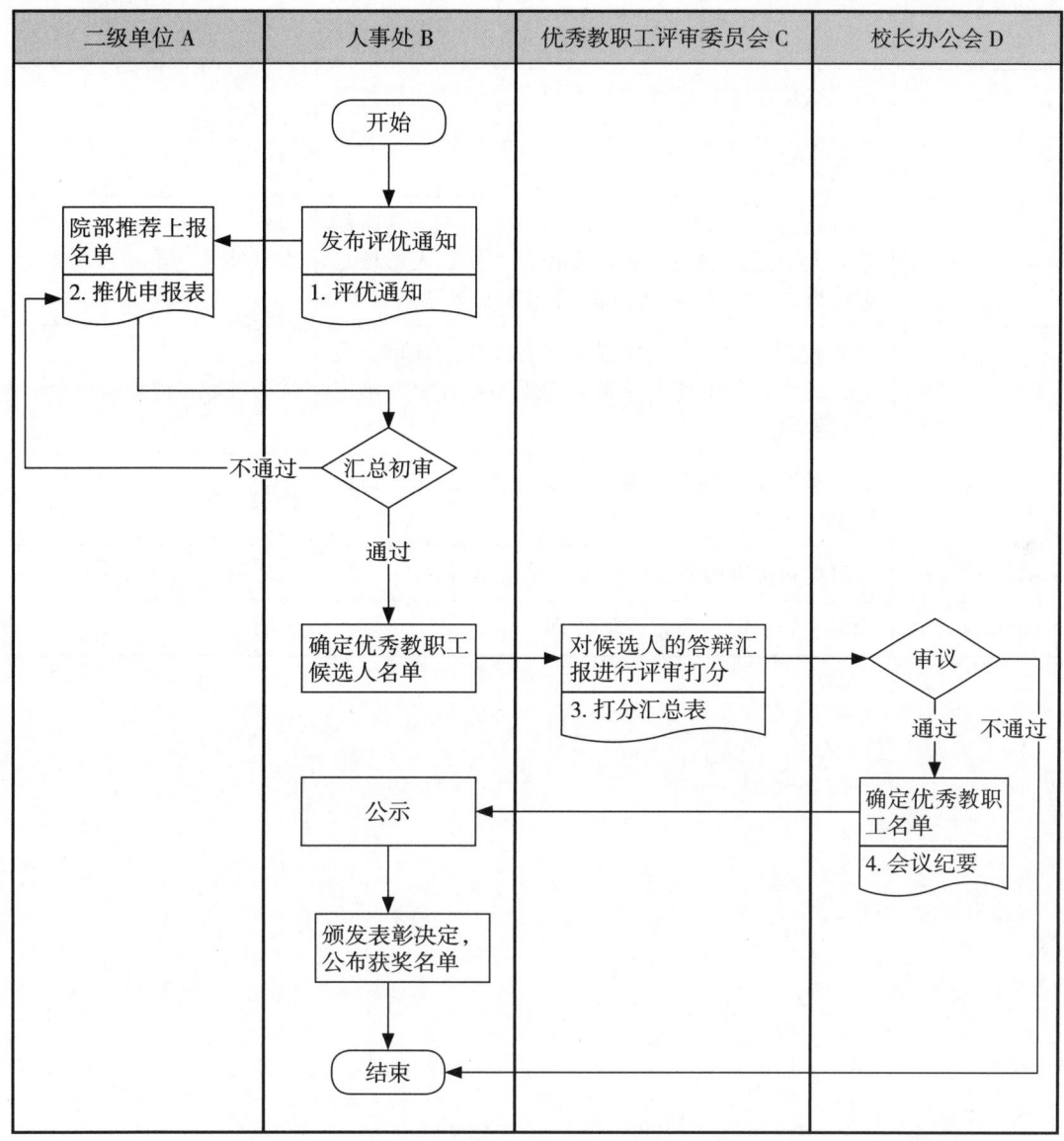

**优秀教职工评选管理流程图**

3. 关键节点描述

| 关键节点 | 流程描述 | 角色 |
| --- | --- | --- |
| A1 | 各二级单位在年度考核优秀的人员中推选优秀教职工候选人名单，经党政联席会进行讨论，形成候选人名单 | 各二级单位 |
| B1（1） | 人事处汇总优秀教职工候选人名单，复核各学院候选人人数是否与规定的名额相符，候选人考核是否优秀，复核无误后形成优秀教职工候选人名单 | 人事处 |
| C1 ★ | 优秀教职工候选人名单提交优秀教职工评审委员会，优秀教职工评审委员会组织答辩评审，确定优秀教职工入围名单 | 优秀教职工评审委员会 |
| D1 | 优秀教职工入围名单提交校长办公会讨论，讨论结果形成会议纪要 | 校长办公会 |
| B1（2） ★ | 人事处对优秀教职工候选人名单公示五天 | 人事处 |
| B1（3） | 颁发表彰决定，公布获奖名单 | 人事处 |

## （四）专业技术职务评聘

1. 风险描述和管控制度

| 专业技术职务评聘 | 风险描述 | 1. **思想道德风险**：各权力主体廉洁从业意识淡薄，因人情或私利等原因，造成在专业技术职务评聘实施、审批等方面不作为，可能导致专业技术职务评聘人员不符合要求<br><br>2. **岗位职责风险**：对专业技术职务评审的职责未明确界定，随意性大，可能导致各权力主体工作界面不清，责任推诿，以权谋私，从而导致专业技术职务评聘工作失败<br><br>3. **制度流程风险**：专业技术职务评聘的制度不健全不完善，缺乏相互制约，或制度不符合实际，缺乏可操作性，可能造成各权力主体以权谋私，不作为或无法正确履行职责导致专业技术职务评聘不符合要求<br><br>4. **程序风险**：未严格按照评聘程序实施，未对申报人资格进行审查，相关权力主体以权谋私，利用职务之便进行不公正的评分或倾向性评分，可能导致聘任人员不符合评选要求 |
|---|---|---|
| | 参考制度 | 《教师和其他专业技术职务聘任实施办法》 |
| | 相关报告/表单 | 1. 申报材料<br>2. 思想品德考核评议汇总表<br>3. 教育教学能力考核评议汇总表<br>4. 学术技术能力考核评议汇总表<br>5. 拟聘名单 |
| | 责任部门 | 人事处 |

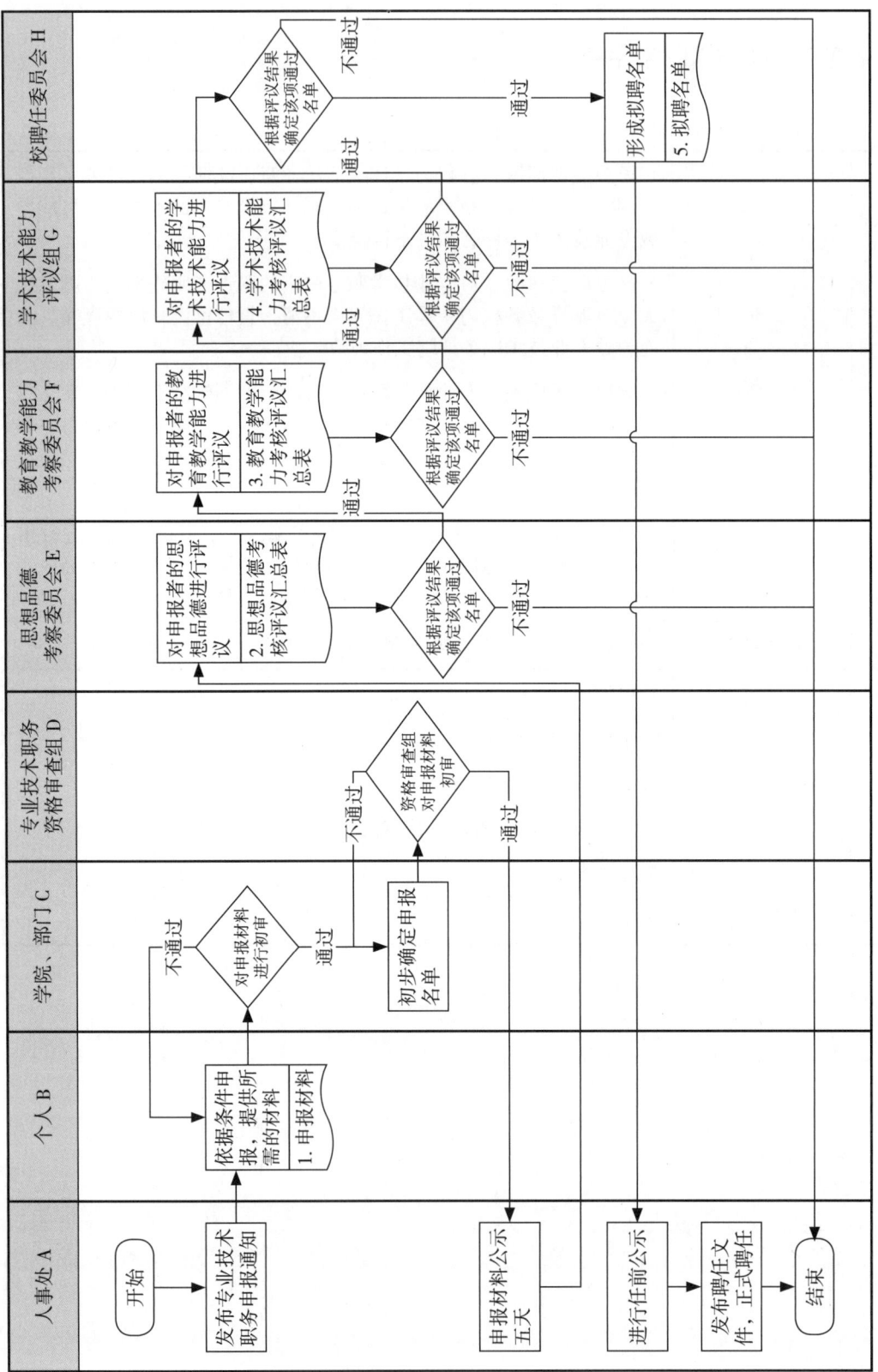

专业技术职务评聘流程图

3. 关键节点描述

| 关键节点 | 流程描述 | 角色 |
| --- | --- | --- |
| A1（1） | 发布专业技术职务通知，通过校园网主页通知和二级学院办公室，确保通知到位 | 人事处 |
| C1 | 学院或部门对照申报条件，对申请人材料的真实性和完整性进行初步审核，组织学院的评审委员会进行初步审核，投票进行表决，确定申报名单并上报人事处 | 学院或部门 |
| D1 ★ | 校专业技术职务资格审查组对申报名单进行初审 | 专业技术职务资格审查组 |
| A1（2） | 申报材料在网上公示五天 | 人事处 |
| E1 | 校思想品德考察委员会对申报人的思想品德进行考察，评委进行投票表决是否同意申报，委员会主任在投票结果上签字确认，并当场公布投票结果 | 思想品德考察委员会 |
| F1 | 校教育教学能力考察委员会对教学及学术技术能力进行考察，评委进行投票表决是否同意申报，委员会主任在投票结果上签字确认，并当场公布投票结果 | 教育教学能力考察委员会 |
| G1 | 校学术技术能力评议组对申报人学术技术能力进行评议，评委对申报人学术技术水平是否达到聘任要求进行表决 | 学术技术能力评议组 |
| H1 | 校聘任委员会综合思想品德考察委员会、教育教学能力考察委员会、学术技术能力评议组意见，投票决定是否达到聘任要求，委员会主任在投票结果上签字确认，并当场公布投票结果 | 校聘任委员会 |
| A1（3） ★ | 聘任结果在网上公示五天 | 人事处 |
| A1（4） | 发文公布聘任结果 | 人事处 |

## （五）中层干部选拔

1. 风险描述和管控制度

| 中层干部选拔 | 风险描述 | 1. **思想道德风险**：各权力主体廉洁从业意识淡薄，因人情或私利等原因，造成在干部候选人提名、审查、任用决定等方面不作为，以权谋私，可能导致任人唯亲，选拔任用的干部不符合学校的用人要求<br><br>2. **岗位职责风险**：对干部选拔任用的提名、审查、任用决定的岗位职责及工作程序未明确规定，职责未明确界定，可能导致各权利体未能及时或正确履行职责，责任推诿<br><br>3. **制度风险**：对干部选拔任用的提名、审查、任用决定等的制度不健全不完善，缺乏相互制约，或制度不符合实际，缺乏可操作性，相关权力主体自由裁量空间较大，可能造成各权力主体不履行或不正确履行职责，缺乏监督，以权谋私<br><br>4. **程序风险**：干部候选人提名流程中，学校在提名候选人时，由领导个人指定候选人，未经民主推荐；或干部候选人未经充分酝酿与资格审查，不符合基本任职要求，可能导致以权谋私，选拔的干部不符合学校要求。干部任用决定中，学校未按照规定召开相关会议集体选举或讨论干部任用，或利用职务之便改变任职决定，可能导致以权谋私，任用的干部不符合学校标准 |
|---|---|---|
| | 参考制度 | 《中层干部选拔任用实施办法》 |
| | 相关报告/表单 | 1. 提交校长办公会议讨论干部任用名单<br>2. 校长办公会讨论干部任免投票 |
| | 责任部门 | 人事处 |

2. 流程图

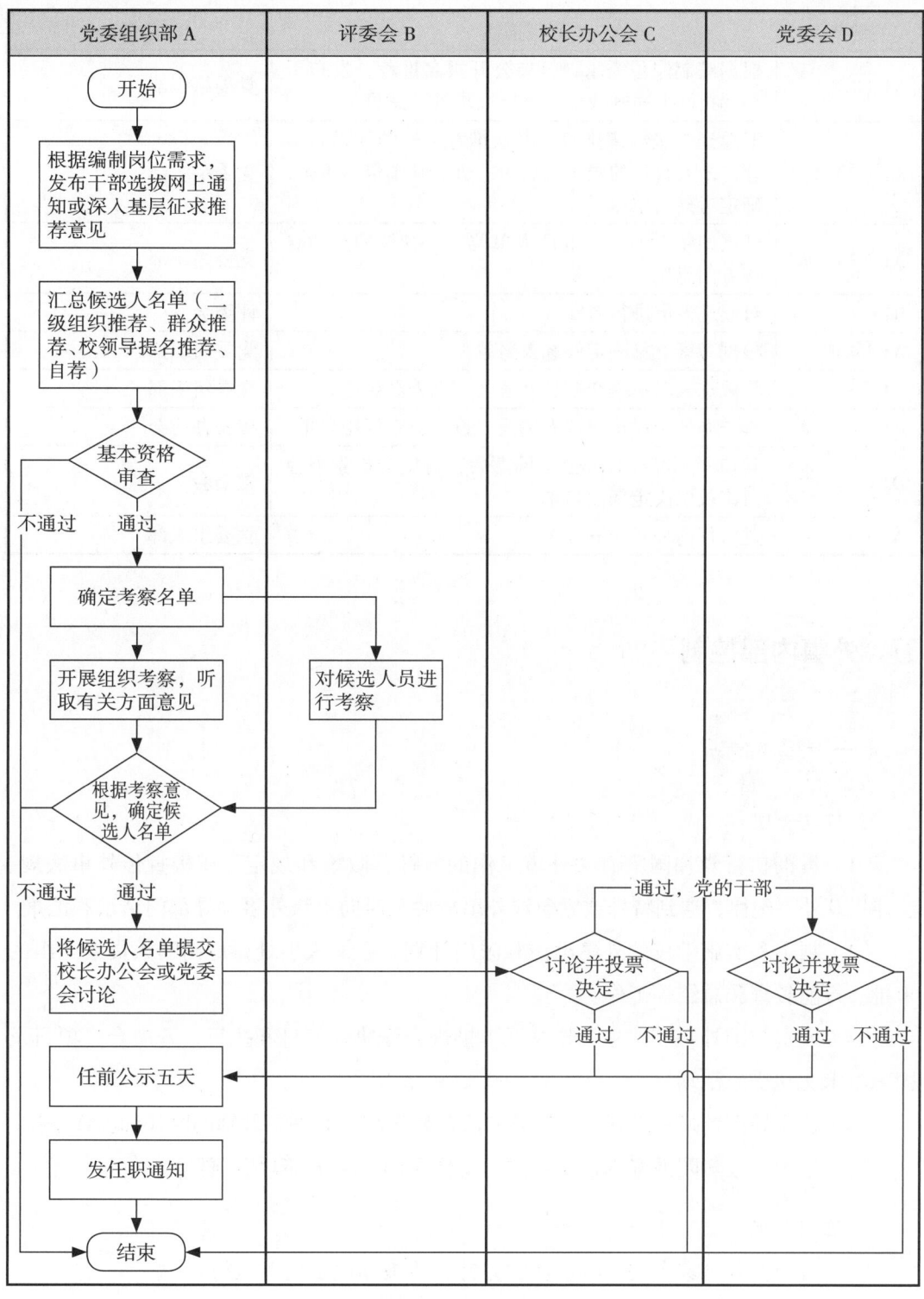

中层干部选拔流程图

3. 关键节点描述

| 关键节点 | 流程描述 | 角色 |
| --- | --- | --- |
| A1（1） | 根据编制岗位需求，开展公开报名推荐，发布干部选拔网上通知或深入基层征求推荐意见 | 党委组织部 |
| A1（2） | 汇总经二级组织推荐、群众推荐，校领导提名推荐、个人自荐的候选人名单，进行基本资格审查，确定考察名单 | 党委组织部 |
| A1（3）★ | 开展组织考察，听取用人单位、分管校领导和有关方面意见 | 党委组织部 |
| B1 | 对候选人员进行考察 | 评委会 |
| A1（4） | 根据考察意见确定候选人名单 | 党委组织部 |
| A1（5） | 将候选人名单提交校长办公会或党委会讨论 | 党委组织部 |
| C1 ★ | 校长办公会讨论候选人情况，投票决定任用名单 | 校长办公会 |
| D1 | 党口干部经校长办公会同意后，再提交校党委会讨论投票决定任用名单 | 党委会 |
| A1（6） | 进行任前公示（五天） | 党委组织部 |

## 五、外事内部控制

### （一）基本情况

1. 归口管理

（1）贯彻执行党和国家有关外事工作的方针、政策和规定，积极宣传外事法规、法律以及外事纪律，遇到特殊或紧急涉外事故要及时向上级外事领导部门请示和汇报。

（2）制定和实施学校的外事出访和派出计划，会同人事处做好出访人员或团组的审批、行前教育和总结等工作。

（3）负责与国外院校建立合作关系，推进合作协议签订和执行，开展合作项目及国际学术文化交流活动。

（4）负责外籍教师聘用管理，指导和监督教学部门对外籍教师的聘任和工作安排。

（5）指导二级学院做好本校学生派出工作和国（境）外学生项目。

2. 控制目标

（1）按照党和国家有关外事工作的方针、政策和规定贯彻执行。

（2）按照学校年度的对外交流派出计划，做好项目派出工作。

（3）审查合作院校（涉外监管网排查）、确定合作意向，拟定框架协议和项目执行协议。

（4）监管校国际合作项目及本校师生派出、涉外人员，与项目合作方沟通联络。

3. 相关法规

（1）《学校招收和培养国际学生管理办法》（中华人民共和国教育部、中华人民共和国外交部、中华人民共和国公安部令第42号）

（2）《关于进一步完善上海市外国留学生政府奖学金资助体系和提高资助标准的通知》（沪财教〔2015〕55号）

（3）上海市教育委员会关于印发《上海市外国留学生政府奖学金申请办法》的通知（沪财教〔2015〕77号）

（二）国际合作项目管理

1. 风险描述和管控制度

| 国际合作项目管理 | 风险描述 | 1. **思想道德风险**：各权力主体廉洁从业意识淡薄，涉及意识形态问题、国家机密问题缺乏预见和应对措施，可能造成舆情。因人情或私利等原因与第三方合作，可能导致以权谋私<br><br>2. **岗位职责风险**：缺少对外交流人员、中外合作项目对接学院的职责及工作程序进行明确规定，项目负责人和管理教师岗位职责不清，工作界面模糊，可能导致推诿、自由裁量权过大、以权谋私；管理人员缺乏相关的知识和能力背景而无法有效开展工作；因合作院校资质审查不严，可能造成信誉损失，交流项目质量下降<br><br>3. **制度风险**：部分校国际合作项目管理制度不健全，如缺乏合作项目质量评估、反馈制度，缺乏可操作性，造成无章可循。学校内外环境变化或由学校内外环境变化所引起的管理制度不符合实际时，未及时修改制度或管理方案，无法有效应对突发事件<br><br>4. **程序风险**：风险意识不强，日常安全管理和教学管理不到位，可能引发安全事故或教学事故。对外交流办与二级学院缺乏相互制约，自由裁量权过大或者缺乏监督，可能导致以权谋私，未经过校领导审批，直接与合作单位签订协议 |
|---|---|---|
| | 参考制度 | 《国际合作项目管理办法》 |
| | 相关报告/表单 | 1. 合作协议（草稿）<br>2. 合同审查意见书<br>3. 合作协议（终稿） |
| | 责任部门 | 对外交流办公室 |

2. 流程图

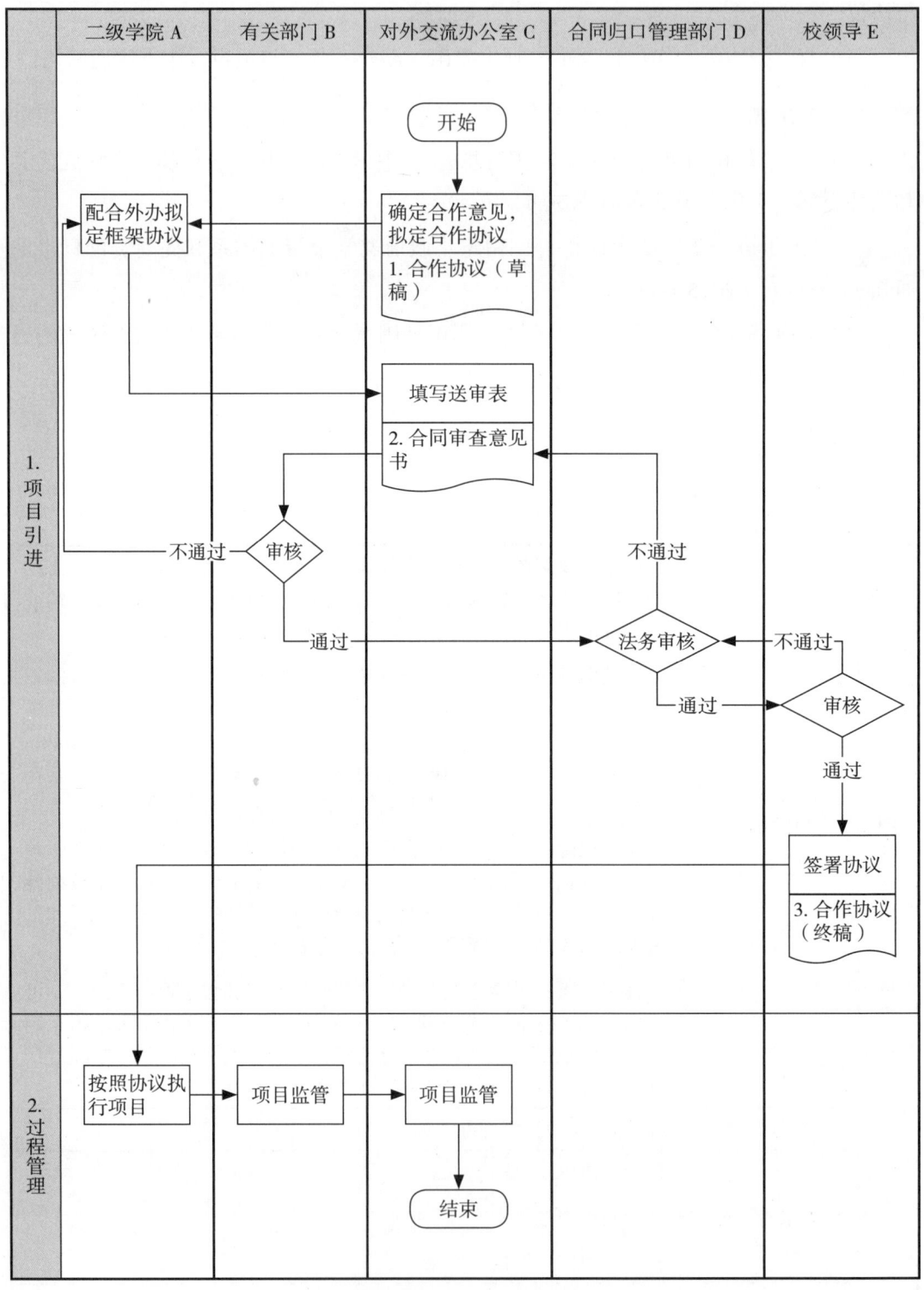

国际合作项目管理流程图

3. 关键节点描述

| 关键节点 | | 流程描述 | 角色 |
| --- | --- | --- | --- |
| C1（1） | ★ | 对外交流办公室审查合作院校（涉外监管网排查）、确定合作意向，拟定合作协议（草稿） | 对外交流办公室 |
| A1 | | 协助外办拟定合作协议 | 二级学院 |
| C1（2） | | 填写送审表 | 对外交流办公室 |
| B1 | ★ | 相关部门审核 | 相关部门 |
| D1 | ★ | 法务审核 | 合同归口管理部门 |
| E1 | ★ | 校领导审核，签署合作协议（终稿） | 校领导 |
| A2 | | 按照项目协议执行项目 | 二级学院 |

## （三）学生赴国（境）外学习实习管理

1. 风险描述和管控制度

| 学生赴国（境）外学习实习管理 | 风险描述 | 1. **思想道德风险**：各权力主体廉洁从业意识淡薄，涉及意识形态问题、国家机密问题缺乏预见和应对措施，可能造成舆情；因人情或私利等原因分配学生交流名额，可能导致以权谋私 |
| --- | --- | --- |
| | | 2. **岗位职责风险**：未对各院系主要负责人、辅导员等岗位职责及工作程序进行明确规定，岗位职责不清，工作界面模糊，可能导致不能正确履行职责，未能正确传达合作院校相关规定和要求，相互推卸责任 |
| | | 3. **制度风险**：学院部分制度不健全，缺少对学生学业、生活管理的相关规定，造成无章可循；部分毕业生无校内指导教师，不能答疑解惑 |
| | | 4. **程序风险**：部分主要负责人以权谋私，推荐成绩、素质较低的学生参加交流项目，学生赴境外前未安排行前教育会，有些学生可能无法适应当地学业和生活，出现缺课、逃课、挂科等，返校后无法兑换足够的学分，导致交流项目质量差、学生延期毕业。合作院校未按照教学计划对接培养方案并制定教学计划，可能造成教学混乱 |
| | 参考制度 | 《学生出国（境）项目管理办法》 |
| | 相关报告/表单 | 1. 派出计划<br>2. 项目通知<br>3. 申请表<br>4. 派出名单 |
| | 责任部门 | 对外交流办公室 |

2. 流程图

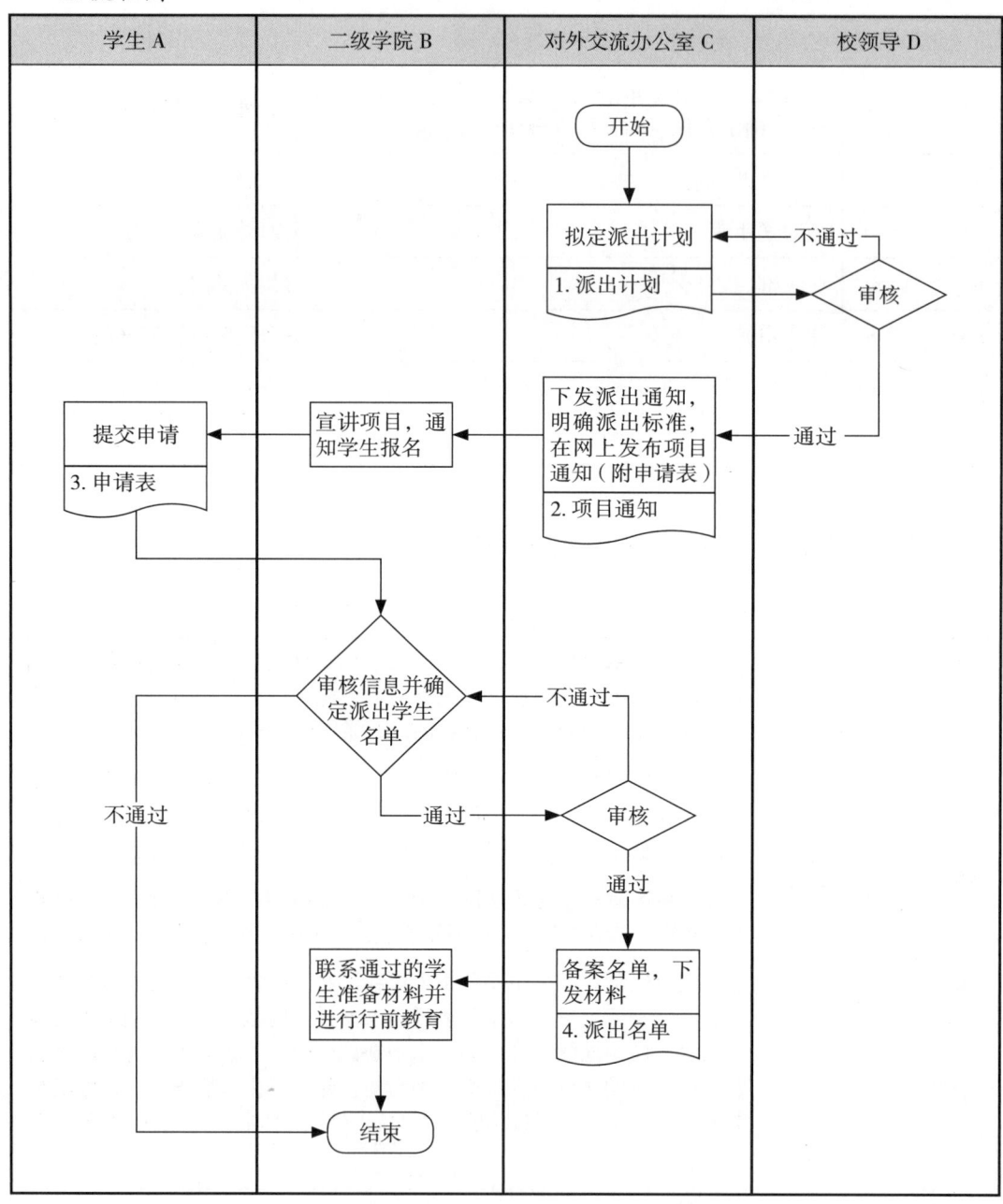

学生赴国（境）外学习实习管理流程图

3. 关键节点描述

| 关键节点 | 流程描述 | 角色 |
| --- | --- | --- |
| C1（1）★ | 拟定年度派出计划 | 对外交流办公室 |
| C1（2） | 联系项目负责人，准备派出计划 | 对外交流办公室 |
| B1（1） | 宣讲项目，通知学生报名 | 二级学院 |
| A1（1） | 提交申请 | 学生 |
| B1（2）★ | 审核学生信息并确定派出名单 | 二级学院 |
| C1（3） | 对外交流办公室审核名单 | 对外交流办公室 |
| B1（3） | 联系获得合作方录取资格学生准备材料并进行行前教育 | 二级学院 |

## （四）教职工赴国（境）外交流管理

1. 风险描述和管控制度

| 教职工赴国（境）外交流管理 | 风险描述 | 1. 思想道德风险：各权力主体廉洁从业意识淡薄，涉及意识形态问题、国家机密问题缺乏预见和应对措施，可能造成舆情。因人情或私利等原因分配教职工交流名额，可能导致以权谋私<br><br>2. 岗位职责风险：部分学院或职能部门未能及时掌握并上报赴境外教职工信息，未在教师赴境外前进行行前教育，导致管理失责，相互推诿、自由裁量权过大。部分教职工以权谋私，临时赴境外交流，可能影响校内工作安排<br><br>3. 制度风险：部分制度不健全，缺少对教职工赴境外学习、交流或应邀出国（境）访讲学等的相关规定，造成无章可循<br><br>4. 程序风险：部分教职工未按照学校教职工出国（境）项目管理办法申报信息，赴境外教职工未及时返回，无法对接学校教学安排，可能造成教学事故。出国（境）访问、学习的教职工团组或教职工个人未按照对外交流的实际需要和上级相关部门的政策要求，超出预算、团组规模、派出时间等，可能导致经费超支、影响工作计划 |
| --- | --- | --- |
| | 参考制度 | 《教职工出国（境）项目管理办法》 |
| | 相关报告/表单 | 1. 对外派出计划申请表（教师）<br>2. 申请表<br>3. 派出人员名单 |
| | 责任部门 | 对外交流办公室 |

2. 流程图

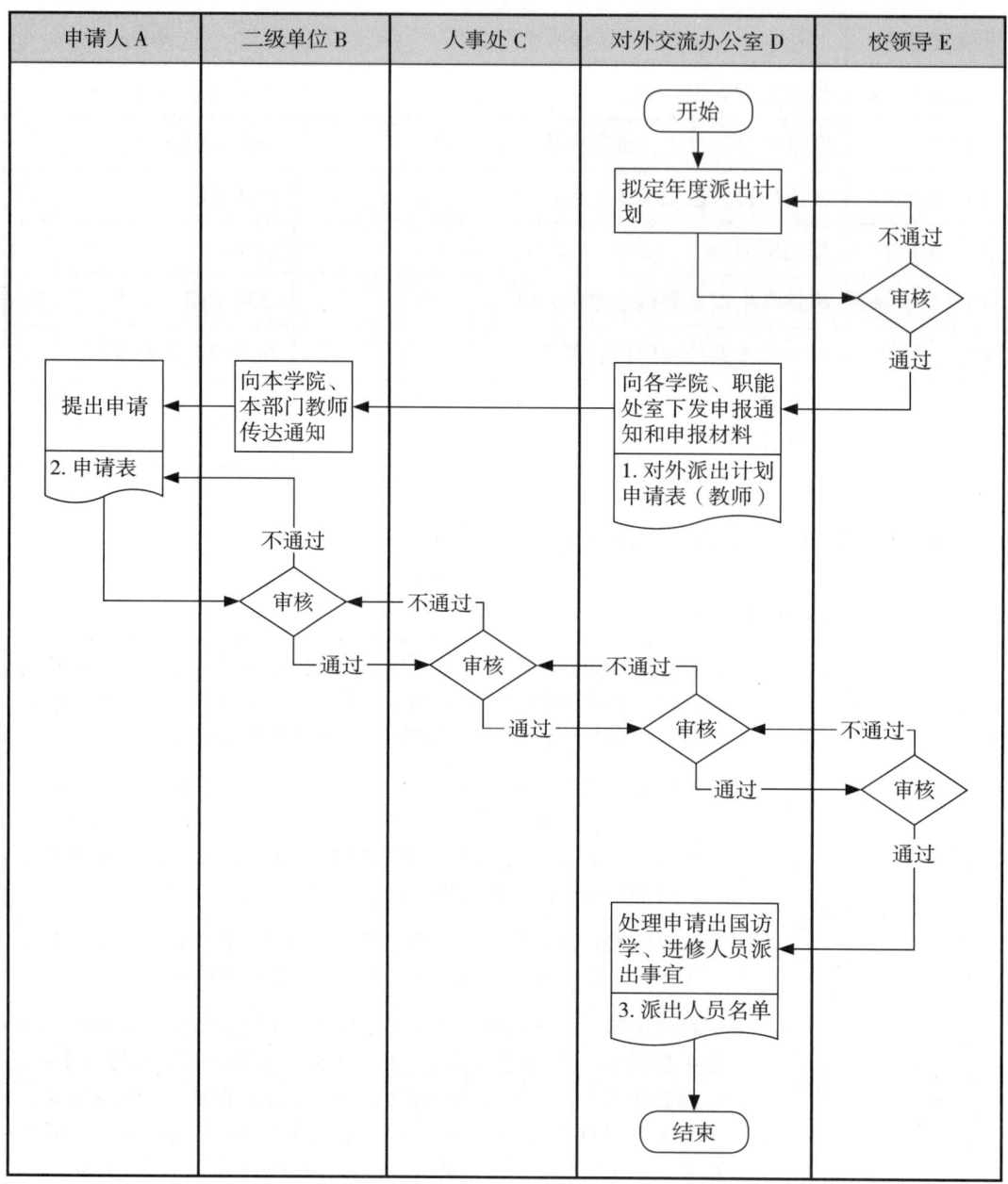

教职工赴国（境）外交流管理流程图

3. 关键节点描述

| 关键节点 | 流程描述 | 角色 |
| --- | --- | --- |
| D1（1）★ | 拟定年度派出计划 | 对外交流办公室 |
| E1（1） | 审核 | 校领导 |
| D1（2）★ | 下发申报通知 | 对外交流办公室 |
| B1（1） | 向本学院、本部门教师传达通知 | 二级单位 |
| A1 | 提出申请 | 申请人 |
| B1（2） | 审核 | 二级单位 |
| C1 ★ | 审核 | 人事处 |
| D1（3）★ | 审核 | 对外交流办公室 |
| E1（2） | 审核 | 校领导 |
| D1（4） | 处理申请出国（境）访学、进修人员派出事宜 | 对外交流办公室 |

## 六、科研事务内部控制

### （一）基本情况

1. 归口管理

科研处是学校科学研究工作的管理部门，是校长领导学校科研工作的职能机构，也是学校科研信息与科研活动的中心。其工作职责如下：

（1）组织申报、评审各类科研项目立项；

（2）组织各类科研项目的开题、中期检查、结题验收；

（3）审核各类科研项目的经费预算；

（4）组织科技创新与社会服务成果的奖励。

2. 控制目标

（1）立项审核部门、申请人职责明晰，项目申报、审核程序及流程规范，确保申报项目研究的质量和材料的真实性。

（2）确保信息公开透明，流程规范，无舞弊和违规、违纪、违法现象。

3. 相关法规

（1）《教育部关于进一步贯彻执行国家科研经费管理政策　加强高校科研经费管理的通知》（教财〔2011〕12号）

（2）《教育部　财政部关于加强中央部门所属高校科研经费管理的意见》（教财〔2012〕7号）

（3）《教育部关于进一步加强高校科研项目管理的意见》（教技〔2012〕14号）

（4）《国务院关于改进加强中央财政科研项目和资金管理的若干意见》（国发〔2014〕11号）

## （二）纵向科研项目管理

1. 风险描述和管控制度

| | | |
|---|---|---|
| 纵向科研项目管理 | 风险描述 | 1. **思想道德风险**：项目评审专家、科研项目管理人员从业意识淡薄，因人情、私利给教师纵向项目，可能存在以权谋私<br><br>2. **岗位职责风险**：未对项目评审标准、科研管理人员职责及工作程序进行明确规定，可能造成相关工作人员权力过大，以权谋私，导致人情项目的出现<br><br>3. **制度风险**：未对项目申报的评审标准做严格规定，评审专家、科研管理人员有项目审批权，可能存在以权谋私的情况<br><br>4. **程序风险**：缺乏重要的监管环节和程序，项目申报过程监管力度较薄弱，缺乏制约和制度，可能存在以权谋私的情况 |
| | 参考制度 | 《科研管理办法》 |
| | 相关报告/表单 | 1. 申报通知<br>2. 申报指南<br>3. 项目申请书<br>4. 立项通知<br>5. 中期检查表<br>6. 阶段性成果<br>7. 总结报告<br>8. 结题报告<br>9. 结项成果 |
| | 责任部门 | 科研处 |

2. 流程图

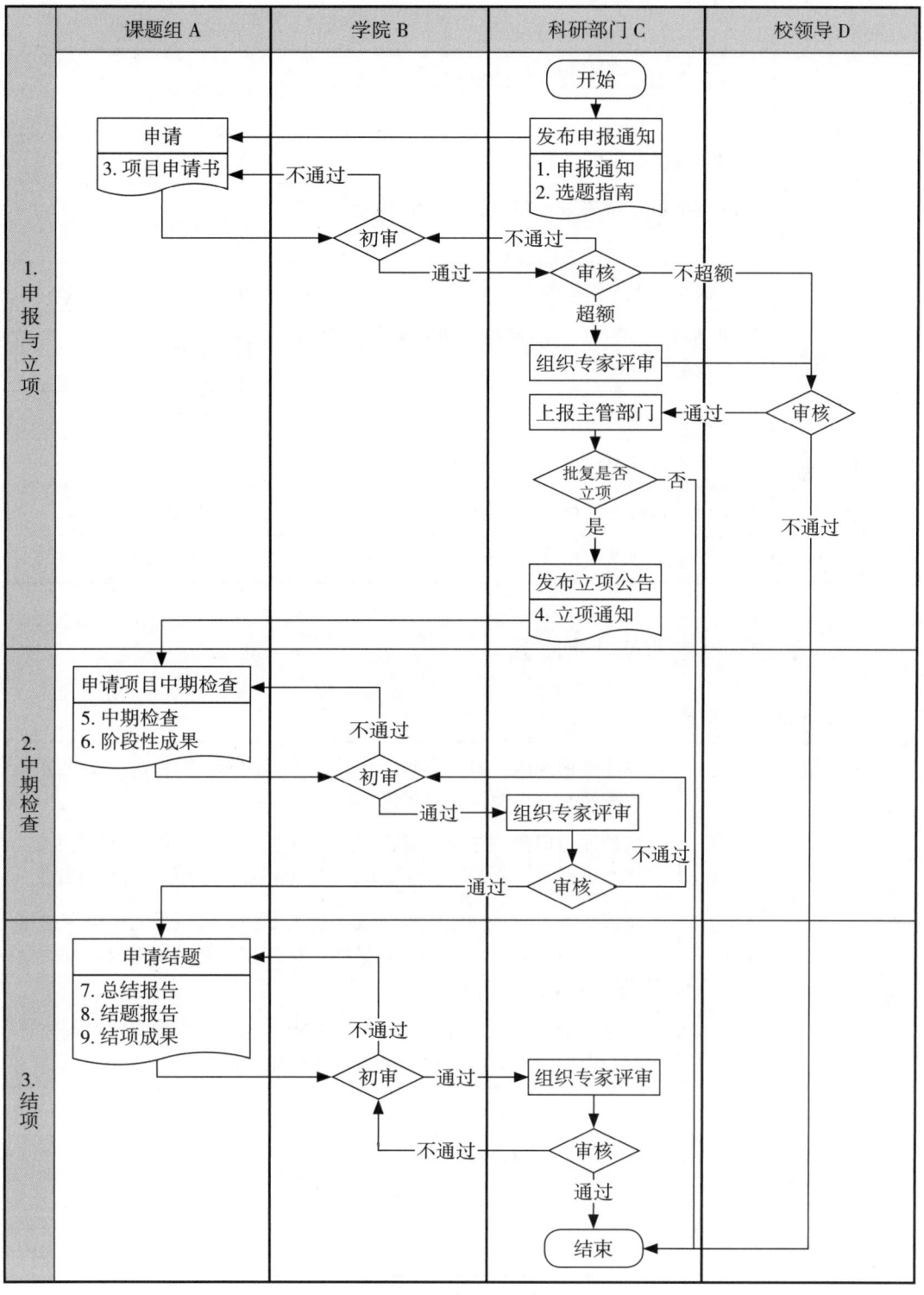

纵向科研项目管理流程图

3. 关键节点描述

| 关键节点 | 流程描述 | 角色 |
|---|---|---|
| C1（1） | 科研处根据上级主管部门的安排，下发各类科研项目申报通知 | 科研管理岗 |
| A1 | 课题组编制项目申请书 | 项目负责人 |
| B1 | 学院对项目申报书进行初审，由主管领导审核并签署意见 | 学院院长 |
| D1 | 分管校领导对申报名额进行审批 | 分管校长 |
| C1（2）★ | 科研处对各学院提交的申报书进行复核、公示，并上报上级主管部门 | 科研管理岗 |
| C1（5） | 批复是否立项 | 科研管理岗 |
| C1（6） | 科研处公布各类项目的立项名单 | 科研管理岗 |
| B2 | 学院对中期检查的材料进行初审 | 科研管理岗 |
| C3 | 组织专家对结项项目进行评审 | 科研管理岗 |

## （三）鼓励科技创新与社会服务

1. 风险描述和管控制度

| 鼓励科技创新与社会服务 | 风险描述 | 1. **思想道德风险**：科研管理人员从业意识淡薄，因人情、私利给教师成果奖励，可能存在以权谋私<br><br>2. **岗位职责风险**：未对科研管理人员职责及工作程序进行明确规定，可能造成科研管理人员权力过大，以权谋私，导致人情奖励的出现<br><br>3. **制度风险**：过去制定的科研成果奖励办法，对成果奖励提交的材料规定模糊，科研管理部门有最终解释权和成果的审批权，可能存在以权谋私<br><br>4. **程序风险**：缺乏重要的监管环节和程序，科研成果奖励过程监管力度较薄弱，缺乏制约和制度，可能存在以权谋私 |
|---|---|---|
| | 参考制度 | 《鼓励科技创新与社会服务实施办法》 |
| | 相关报告/表单 | 1. 年度科研申报通知<br>2. 年度科研申报表格 |
| | 责任部门 | 科研处 |

2. 流程图

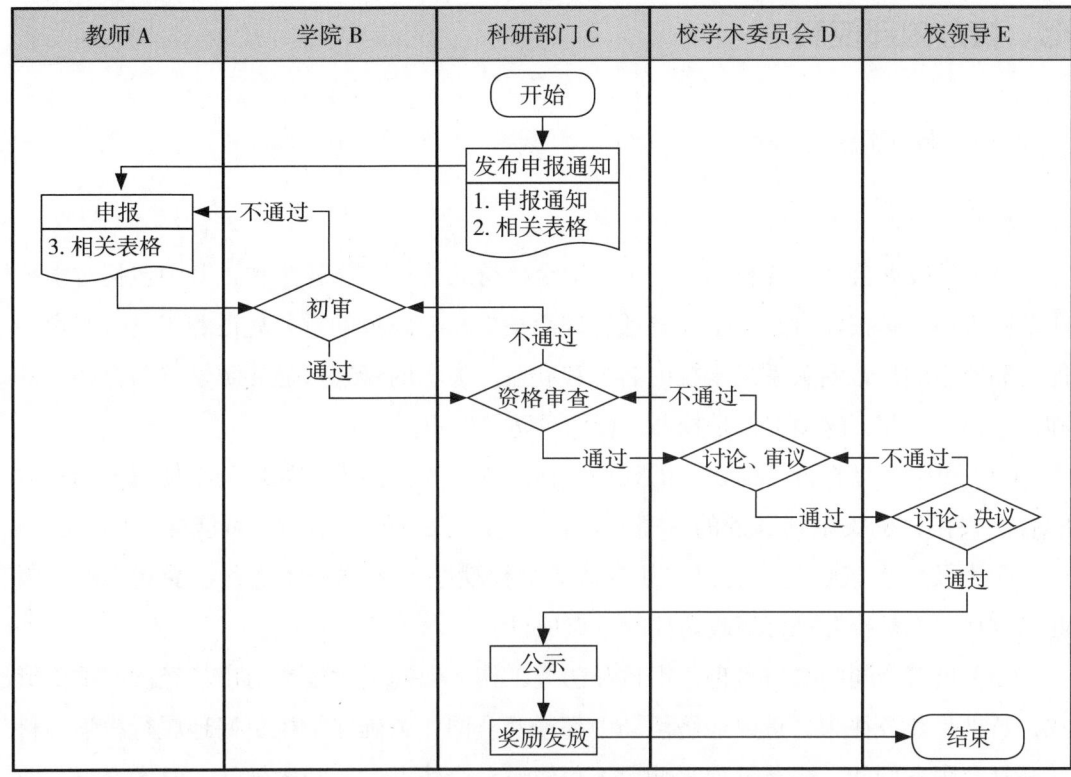

**鼓励科技创新与社会服务流程图**

3. 关键节点描述

| 关键节点 | 流程描述 | 角色 |
| --- | --- | --- |
| C1（1） | 科研处根据学校安排，下发科研成果统计通知 | 科研管理岗 |
| A1 | 学院教师进行科研成果申报 | 教师 |
| B1 ★ | 学院对成果奖励的材料和名单进行初审，由主管领导审核并签署意见 | 学院院长 |
| C1（2） | 科研处对各学院提交的成果奖励的材料和名单进行复核，并拟定成果奖励名单提交校学术委员会讨论、审议 | 科研管理岗 |
| D1 ★ | 校学术委员会成员对各学院成果奖励名单进行讨论、审议，确定成果奖励名单初稿 | 校学术委员会 |
| E1 ★ | 校领导对成果奖励名单初稿进行讨论、决议，确定成果奖励名单 | 校领导 |
| C1（3） | 科研处公示成果奖励名单 | 科研管理岗 |

## 七、校办内部控制

### （一）基本情况

#### 1. 归口管理

（1）学校办公室（校长办公室）负责全校行政协调与文秘工作，其中包括对学校印章的管理。学校印章是指学校各项管理活动中行使职权的重要凭证和工具。印章的保管和使用的规范性关系到学校的名誉和利益。失当的管理可能导致学校名誉和经济利益受损。因此，这项工作是校办进行廉政防控的重点项目。

（2）负责意见投诉（信访）的处理工作。意见投诉的妥善处理关系到相关利益方的合法权益，也关系到学校的秩序和声誉。意见投诉处理不当，可能导致广大教职工、学生及学生家长利益受损，甚至造成学校秩序、名誉和经济利益受到影响。因此，这项工作是校办进行廉政防控的重点项目。

（3）负责合同的归口管理、审核和法务工作。合同是学校参与市场经济的重要形式，特别是业务往来，重要经济活动中都涉及合同。为确保学校更好地履行教学、科研和社会服务职能，规范开展采购、工程建设、合作办学、技术转让、学术会议、业务培训等活动，将这项工作纳入校办进行廉政防控的重点项目。

#### 2. 控制目标

（1）确保印章日常妥善保管、专人负责、用印行为妥当并有痕迹。

（2）确保申请审核的流程合法合规，进行充足的事先会签和审批。

（3）确保各类意见、建议和投诉都能得到相应的处理。

（4）确保重大信访投诉事项不延误、不遗漏，相关矛盾得到最大程度化解。

（5）确保合同签订的合法性、经济性、可行性和严密性。

（6）确保合同中无违背上级法律法规的情形。

（7）规避合同签订过程中的暗箱操作和风险隐患。

#### 3. 相关法规

（1）《民办非企业单位印章管理规定》

（2）《社会力量办学印章管理暂行规定》

（3）《信访条例》（国务院令431号）

（4）《中华人民共和国合同法》

## （二）印章管理

1. 风险描述和管控制度

| | | |
|---|---|---|
| 印章管理 | 风险描述 | 1. **思想道德风险**：印章申请人弄虚作假、偷换夹带；印章保管人、外带使用印章者和可能接触印章者，因人情或利益原因，可能出现未经审批登记和私自盖章的情况<br><br>2. **岗位职责风险**：除印章保管人以外，不可避免地存在多个外带使用印章者和因值班等原因同办公室中可能接触到印章的其他岗位人员<br><br>3. **制度风险**：各级审核审批者的权力不够明确或对常规用印的裁量判断不准确<br><br>4. **程序风险**：外带使用印章者未按程序做好使用记录或未按计划使用 |
| | 参考制度 | 《印章管理办法》 |
| | 相关报告/表单 | 1. 用印申请表<br>2. 盖章的内容<br>3. 借用申请书及承诺书<br>4. 相关审批表格<br>5. 印章使用登记册（常规） |
| | 责任部门 | 校长办公室 |

2. 流程图

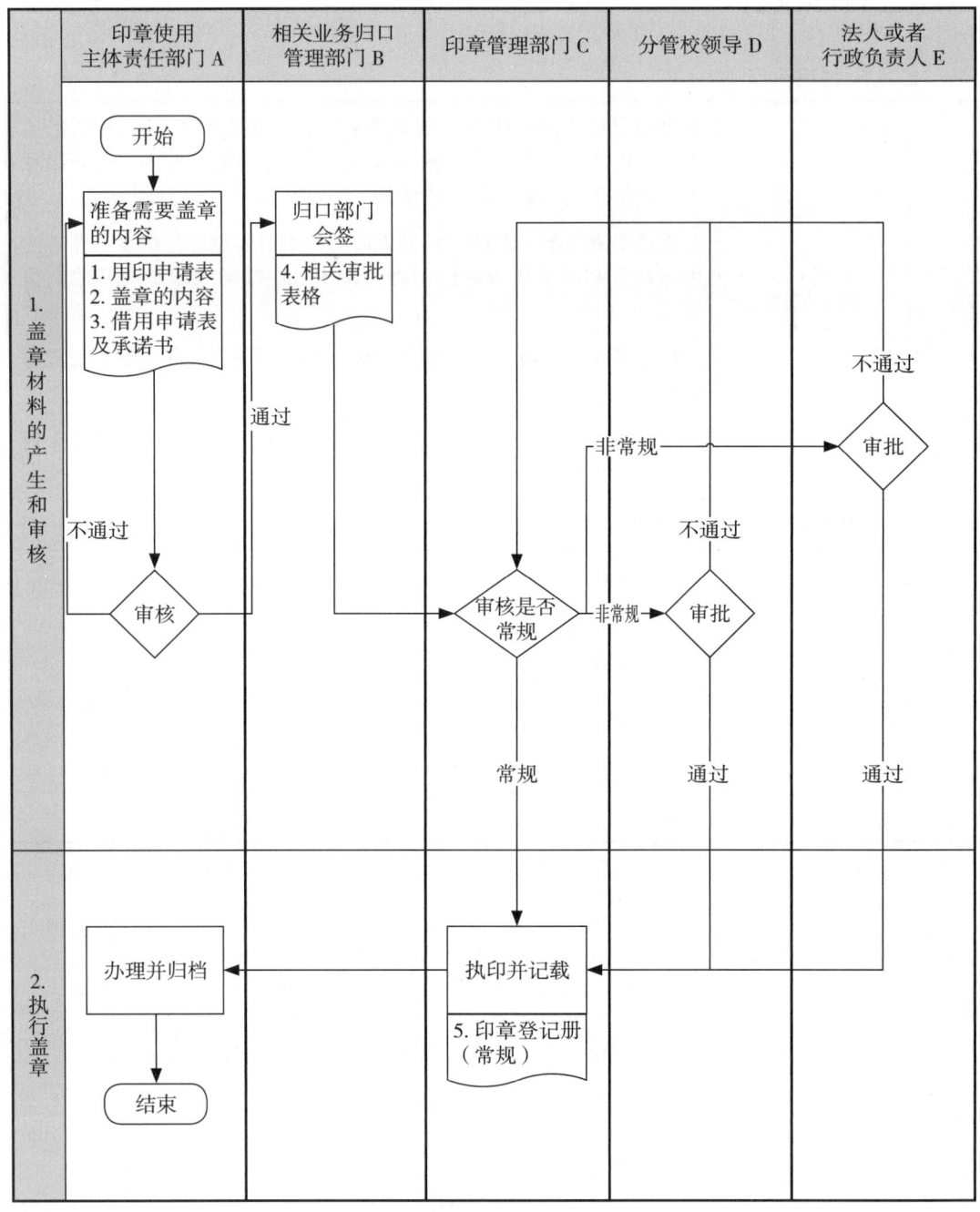

印章管理流程图

3. 关键节点描述

| 关键节点 | | 流程描述 | 角色 |
| --- | --- | --- | --- |
| A1（1） | | 准备盖章的内容 | 印章使用主体责任部门 |
| A1（2） | ★ | 审核盖章的内容 | 印章使用主体责任部门 |
| B1 | ★ | 相关业务归口管理部门会签 | 相关业务归口管理部门 |
| C1 | ★ | 审核是否常规 | 印章管理部门 |
| D1 | ★ | 针对非常规事项进行审批 | 分管校领导 |
| E1 | ★ | 针对非常规事项进行审批 | 法人或者行政负责人 |
| C2 | | 执印并记载 | 印章管理部门 |
| A2 | | 办理并归档 | 印章使用主体责任部门 |

## （三）信访受理

1. 风险描述和管控制度

| | | |
| --- | --- | --- |
| 信访受理 | 风险描述 | 1. **思想道德风险**：各权力主体规则意识淡薄，因人情或私利等原因，可能导致以权谋私、袒护包庇<br><br>2. **岗位职责风险**：对政策因素可能出现的情况预见不够、准备不足，增加了信访工作的难度；对信访工作认识不到位，责任心不强造成师生群众反复上访，如拖延办理，执行不力，时紧时松或不按要求排查矛盾纠纷，用老经验老套路取代法规制度的倾向或借创新之名偏离法规制度等<br><br>3. **制度风险**：未制定科学、严谨的信访管理制度和工作流程，未能明确对信访人员受理的权限以及与其第一时间进行有效对接，未能健全信访工作机制，无法确保在规定的时间内答复<br><br>4. **程序风险**：业务不规范，未经相关部门联合处理，可能导致信访回复不全面，答复不满意 |
| | 参考制度 | 1.《信访工作管理办法》<br>2.《学生校内申诉管理办法》 |
| | 相关报告/表单 | 1. 来访登记表和处理单<br>2. 办理过程材料 |
| | 责任部门 | 校长办公室 |

2. 流程图

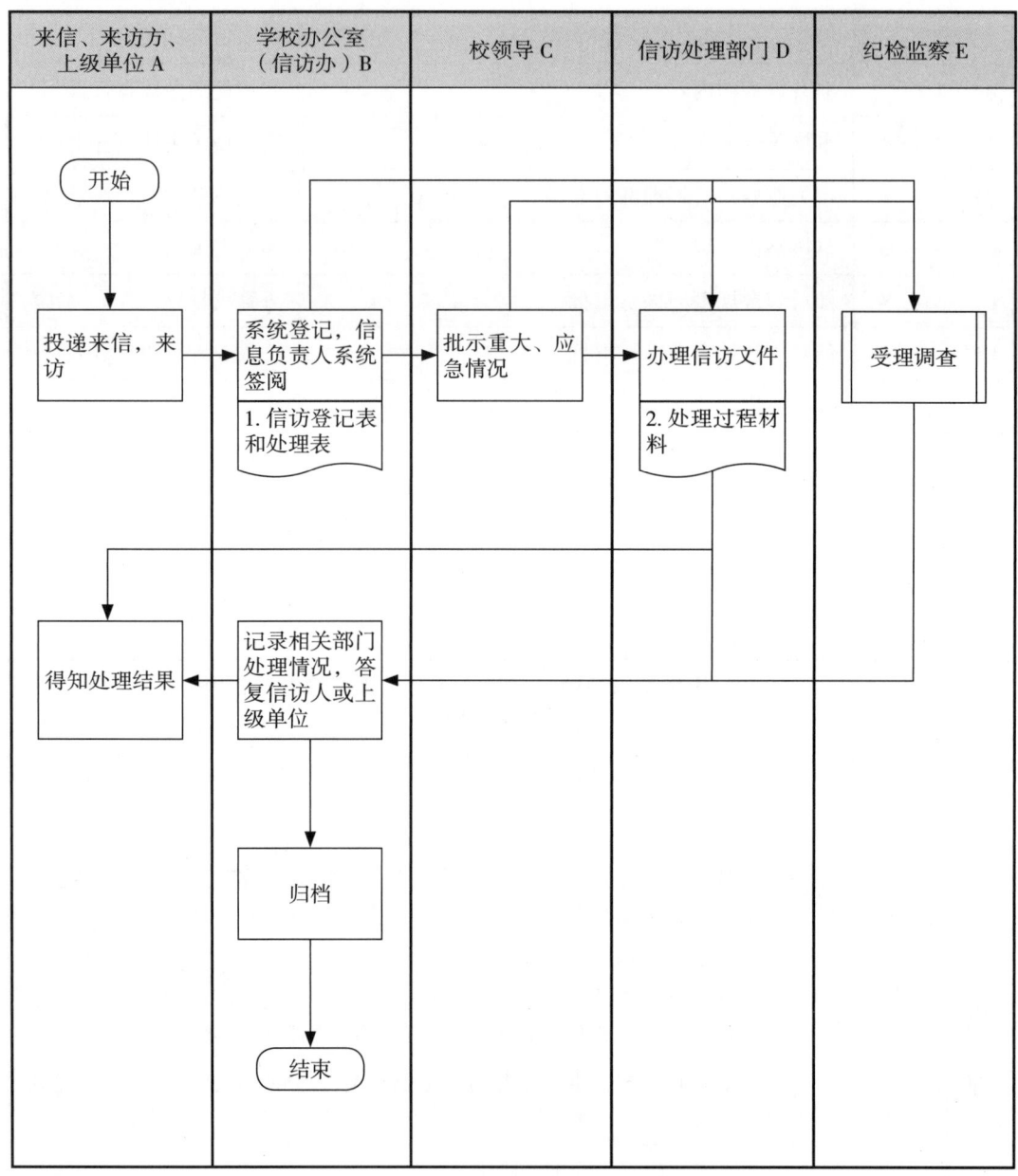

信访受理流程图

3. 关键节点描述

| 关键节点 | 流程描述 | 角色 |
|---|---|---|
| A1（1） | 投递来信、来访 | 来访者 |
| B1（1） | 系统登记，信访负责人系统阅签 | 信访办 |
| C1 | 校领导批示重大、应急情况 | 校领导 |
| D1 ★ | 办理信访文件，按照职责分工转交有关部门或自行办理，在规定日期内与信访人沟通，向学校信访办反馈处理情况 | 相关职能部门、二级学院 |
| E1 | 对涉及纪委监察的信访文件进行受理调查 | 纪检监察 |
| B1（2） ★ | 督促、检查、指导、记录相关职能部门处理情况，答复信访人或上级单位 | 信访办 |
| A1（2） | 得知处理结果 | 来访者 |
| B1（3） | 归档信访材料 | 信访办 |

## （四）合同签订与审批

1. 风险描述和管控制度

| 合同签订与审批 | 风险描述 | 1. **思想道德风险**：合同制定者或订立经办人有意规避、删除、隐瞒、减少关键内容信息和不利条款，设置文字陷阱，或语言文字表述不严谨，造成学校风险增加<br>2. **岗位职责风险**：除法务人员以外，其他各相关岗位法律专业知识不足；法务人员相关业务经验不足<br>3. **制度风险**：（1）合同通用类管理制度缺失；（2）审核审批者的权力不够明确、专业知识不足、要素把握不完整或对合同法律后果的裁量判断不准确<br>4. **程序风险**：（1）合同撰写时过多借鉴或直接套用对方提供的格式文本，或直接委托对方起草，造成关键控制因素先天缺失或有意隐瞒；（2）合同经办人在审核之后替换审批表后所附的原始送审附件 |
|---|---|---|
| | 参考制度 | 《采购合同管理办法》 |
| | 相关报告/表单 | 1. 合同<br>2. 合同送审表 |
| | 责任部门 | 校长办公室 |

2. 流程图

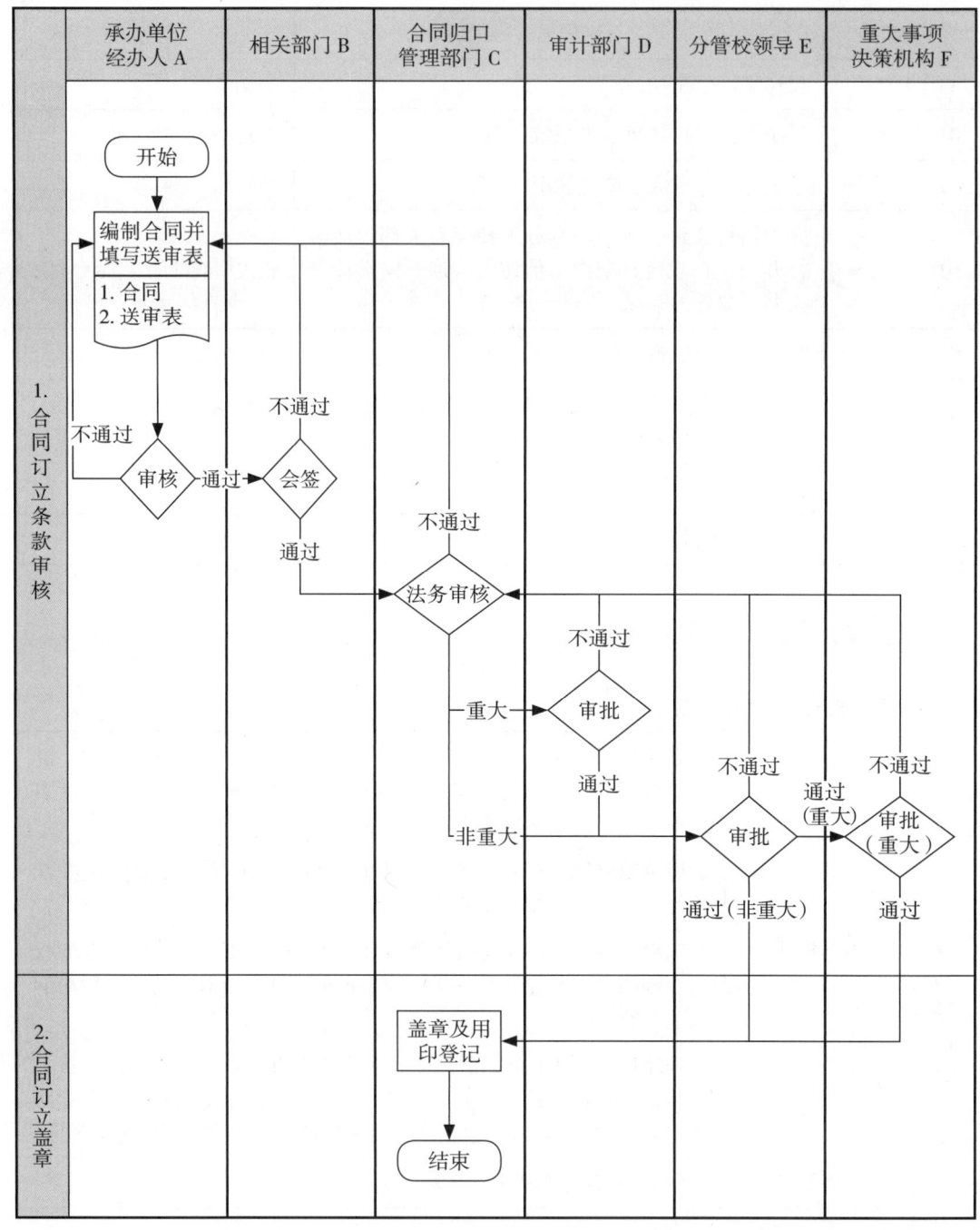

合同签订与审批流程图

3. 关键节点描述

| 关键节点 | 流程描述 | 角色 |
| --- | --- | --- |
| A1（1） | 编制合同并填写送审表 | 承办单位 |
| A1（2） | 审核送审合同 | 承办单位 |
| B1 | 相关部门会签 | 相关部门 |
| C1 ★ | 合同归口管理部门进行法务审核 | 合同归口部门 |
| D1 ★ | 涉及重大金额合同需要审计部门审批 | 审计部门 |
| E1 | 非重大合同审批 | 分管校领导 |
| F1 | 涉及重大金额合同需要重大事项决策机构审批 | 重大事项决策机构 |
| C2 | 盖章及用印登记 | 合同归口管理部门 |

## 八、继续教育内部控制

### （一）基本情况

1. 归口管理

（1）终身教育处履行学校非学历教育归口管理部门职能，负责全校非学历教育的事业规划、政策制订、项目审批、合同事务、信息公开、广告审核、证书发放、过程监管和风险防控。

继续教育学院为履行学校非学历教育办学项目归口实施部门职能，保障学校非学历教育事业的正常运行，对外承接各类社会培训项目。目前非全日制学历教育主要有夜大学、自考助学。

（2）非学历教育管理主要有面向社会举办的，以提升受教育者专业素质、职业技能、文化水平或者满足个人兴趣等为目的的各类培训、进修、研修、辅导等教育活动（高等教育自学考试辅导培训除外）。

（3）各二级学院举办非学历教育项目的履行"项目主办单位"，其根据自身优势特色拟举办的各类非学历教育项目，统一纳入继续教育学院的非学历继续教育办学计划之中组织实施，由继续教育学院实施项目制管理改革。

2. 控制目标

办学实施部门——继续教育学院

（1）根据市教委及考试院相关文件要求规定，制定本校成人高等学历教育各层次招生白皮书，合理编制各专业招生计划，确保成人学历教育招生、录取工作合规。

（2）确保成人教育学生成绩录入与更正、课程建设立项、学生转专业、转专业过程关键因素和关键环节都处于受控状态。

归口管理部门——终身教育处

（1）完善学校非学历教育归口管理制度建设，促进学校非学历教育更加健康有序发展。

（2）确保各非学历教育课程班、岗位资格与职业技能证书培训班的归口管理工作平稳有序。

（3）确保认真审核审查各非学历"办学项目、合同事务、广告宣传"等审批备案事项，并报学校分管领导审批确认，其中涉及"三重一大"事项提请校长办公会或党委会审议决定。

（4）确保信息公开透明，证书发放、过程监管、档案管理和风险防控流程规范，无舞弊和违规、违纪、违法现象。

3. 相关法规

（1）《上海市教育委员会关于进一步做好普通高等学校举办非学历教育工作的通知》（沪教委终〔2022〕4号）

（2）《教育部办公厅关于印发普通高等学校举办非学历教育管理规定（试行）的通知》（教职成厅函〔2021〕23号）

（3）《教育部办公厅等五部门关于加强高等学历继续教育广告发布管理的通知》（教职成厅函〔2021〕21号）

（4）《2019年上海市成人高校考试招生工作规定》（沪教考院社考〔2019〕25号）

（5）《上海教育考试院关于印发2019年全国成人高校生源计划编制工作日程安排的通知》

（6）《高等教育学历证书电子注册管理暂行规定》（教学〔2001〕4号）

（7）《教育部关于加强成人高等教育招生和办学秩序管理的通知》（教学〔2007〕23号）

（8）《上海市教育委员会关于印发普通高校继续教育工作若干指导意见的通知》（沪教委终〔2010〕16号）

（9）《中共上海市科技教育工作委员会、上海市教育委员会关于重申教育部和本市的相关规定强化本市高校办学规范管理的通知》（沪教委〔2008〕57号）

## （二）成人高等学历教育招生录取办法、录取名单管理

1. 风险描述和管控制度

| 成人高等学历教育招生录取办法、录取名单管理 | 风险描述 | 1. **思想道德风险**：各权力主体廉洁从业意识淡薄，因人情、私利或自身工作懈怠等原因，对于成人高等学历继续教育招生岗位，可能导致以权谋私 |
|---|---|---|
| | | 2. **岗位职责风险**：未对相关的重要岗位职责及工作程序进行明确规定，对接市考试院社考办负责人职责、工作流程较模糊，未对招生管理具体操作人员、纪检人员和部门负责人审批进行有效分离，部门负责人"按往年情况"可能造成相关工作人员责任意识偏弱，造成学生退档的极端情况出现；导致自由裁量权过大、以权谋私，导致年度成人招生计划与上报情况偏差 |
| | | 3. **制度风险**：过去制定招生办法，未对招生院校突破常规录取程序（如逐渐取消现场确认环节等）进行比较明确的规定，招生负责人可能没有参考依据，而造成自由裁量权过大或者缺乏监督，可能导致以权谋私，或造成一些不利的影响 |
| | | 4. **程序风险**：缺乏重要的监管环节和程序，相对于普通高等教育招生体系，成人高等教育招生过程监管力度较薄弱，招生部门工作人员按照考试院生成的录取名单直接报送教育部高等学历继续教育管理平台 |
| | 参考制度 | 《成人高等教育阳光招生工作要求》 |
| | 相关报告/表单 | 通知书 |
| | 责任部门 | 继续教育学院 |

2. 流程图

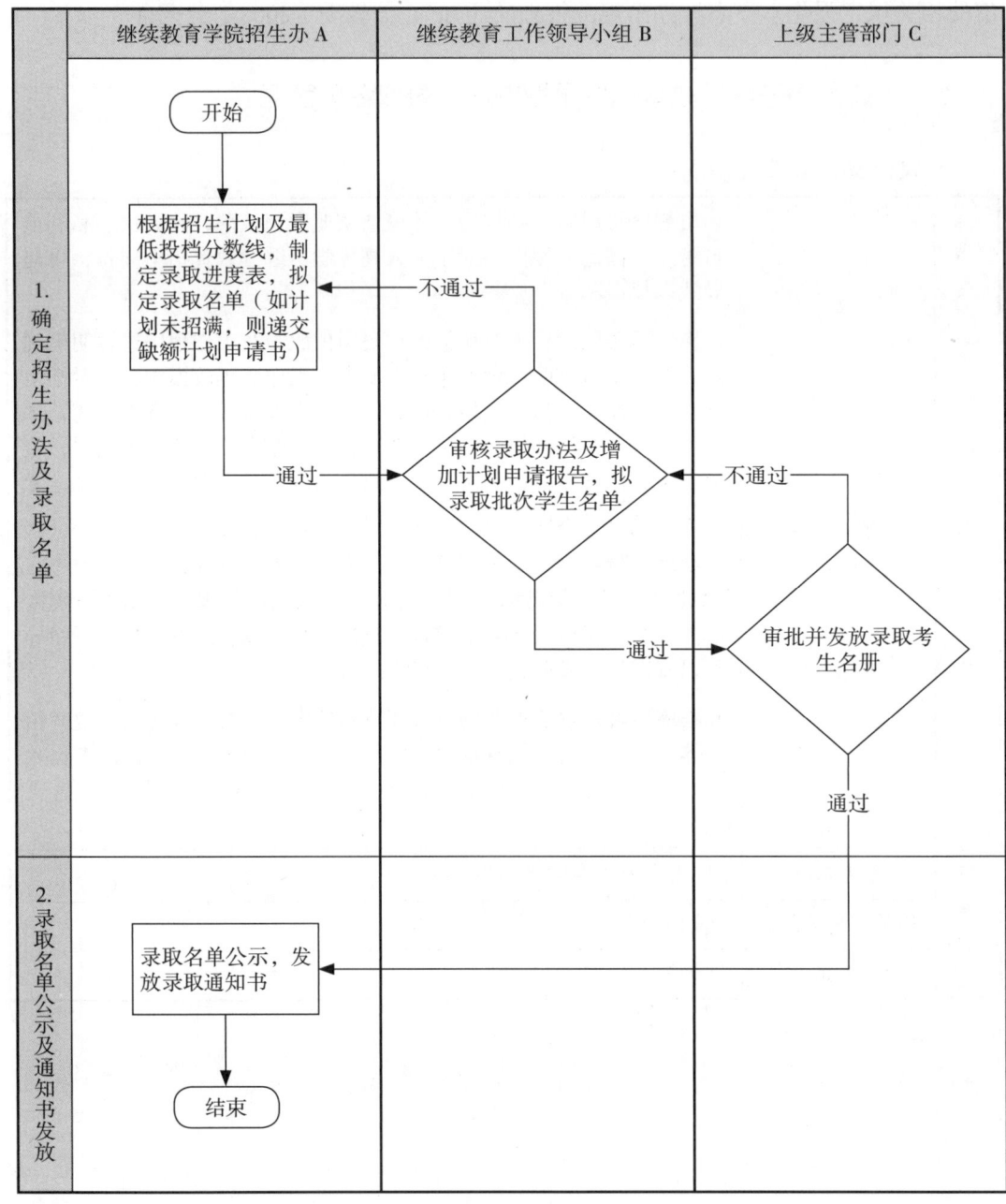

确定成人高等学历教育招生录取办法、录取名单流程图

3. 关键节点描述

| 关键节点 | 流程描述 | 角色 |
| --- | --- | --- |
| A1 | 根据招生计划及最低投档分数线，拟定录取名单 | 继续教育学院招生办 |
| B1 ★ | 审核录取办法、增加计划申请报告、拟录取批次学生名单 | 继续教育工作领导小组 |
| C1 | 审批并发放录取考生名册 | 上级主管部门 |
| A2 | 录取名单公示，发放录取通知书 | 继续教育学院招生办 |

## （三）项目主办单位举办的非学历教育项目管理

1. 风险描述和管控制度

| 项目主办单位举办的非学历教育项目管理 | 风险描述 | 1. **思想道德风险**：各权力主体廉洁从业意识淡薄，因人情或私利或自身工作懈怠等原因，对于非学历教育管理岗位，可能导致以权谋私<br><br>2. **岗位职责风险**：未对相关的重要岗位职责及工作程序进行明确规定，岗位职责不清，工作界面模糊，未对非学历教育管理岗位进行有效分离，未按照非学历教育管理办法要求有序开展非学历教育培训，可能导致不能正确履行职责，相互推诿、自由裁量权过大、以权谋私，导致对非学历教育培训管理产生负面影响<br><br>3. **制度风险**：现有的管理办法未对二级学院非学历教育项目申报工作的交接作出规定，导致管理者对非学历教育管理申报工作不清楚而存在漏洞<br><br>4. **程序风险**：缺乏重要的监督环节和程序，对于非学历教育培训开展的各个环节的监督力度薄弱，缺乏制约和制度，可能导致以权谋私 |
| | 参考制度 | 《非学历教育管理办法》 |
| | 相关报告/表单 | 1. 非学历教育项目申报表<br>2. 非学历教育项目收费立项申请表 |
| | 责任部门 | 终身教育处 |

2. 流程图

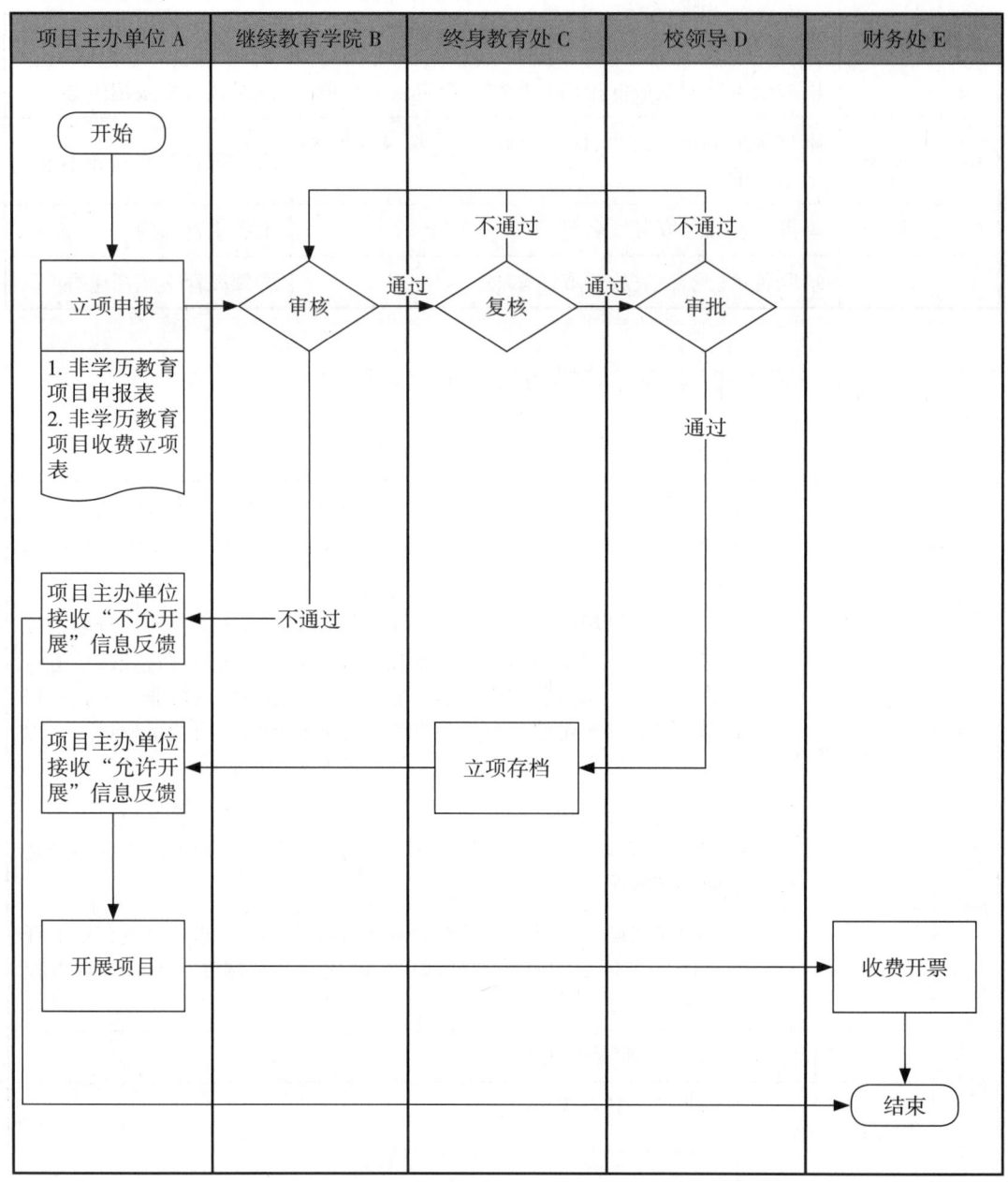

项目主办单位举办的非学历教育项目管理流程图

3. 关键节点描述

| 关键节点 | 流程描述 | 角色 |
|---|---|---|
| A1（1） | 项目主办单位申报非学历项目 | 项目主办单位 |
| B1（1）★ | 继续教育学院进行初审 | 继续教育学院 |
| C1（1）★ | 终身教育处进行复审 | 终身教育处 |
| D1 | 分管校领导对立项表进行审批 | 分管校领导 |
| C1（2） | 终身教育处项目立项并存档 | 终身教育处 |
| A1（4） | 开展非学历项目 | 项目主办单位 |
| E1 | 财务收费并开票 | 财务处 |

## 九、资产管理内部控制

### （一）基本情况

1. 归口管理

资产管理处是学校固定资产、物资集中采购供应、基建管理部门，承担校舍房产、仪器设备家具管理，各类物资（含教材）的集中采购、管理、发放和库房管理，校园基建工程、修缮管理等多项职能。

其中，采购管理工作和建设工程项目管理工作政策性强，流程要求规范，且涉及资金的审核和使用，是资产管理处进行廉政防控的重点项目。本次主要梳理了采购管理工作和建设工程项目的管理过程。

2. 控制目标

（1）确保所采购的物资和服务符合需求。

（2）确保采购行为的规范性，提高采购效率和效益，加强采购过程的透明度和廉洁度。

（3）确保建设工程质量合格，操作程序规范，提高工作效率，使有限的经费发挥最佳的社会、经济效益。

（4）确保无舞弊和违规、违纪、违法现象。

## （二）采购管理

1. 风险描述和管控制度

| | | |
|---|---|---|
| 采购管理 | 风险描述 | 1.**思想道德风险**：各权力主体廉洁从业意识淡薄，因人情或私利等原因，可能导致以权谋私<br><br>2.**岗位职责风险**：未对采购员的岗位职责进行明确规定，岗位职责、工作界面模糊，可能导致不能正确履行职责，导致相关权力主体自由裁量权过大、以权谋私，发生管理失控现象<br><br>3.**制度风险**：未制定科学、严谨的采购管理制度和工作流程，未能明确对采购过程的有效监督规范，可能导致相关权力主体以权谋私，自由裁量权过大，发生学校利益受损的现象<br><br>4.**程序风险**：未经物资申购审批，可能导致采购本身违法违规等风险；未经过验收付款，可能导致采购物品不合格等风险 |
| | 参考制度 | 1.《采购管理程序》<br>2.《采购合同管理办法》 |
| | 相关报告/表单 | 1. 物资申请表<br>2. 招投标文件以及网上公示<br>3. 采购合同 |
| | 责任部门 | 资产管理处 |

2. 流程图

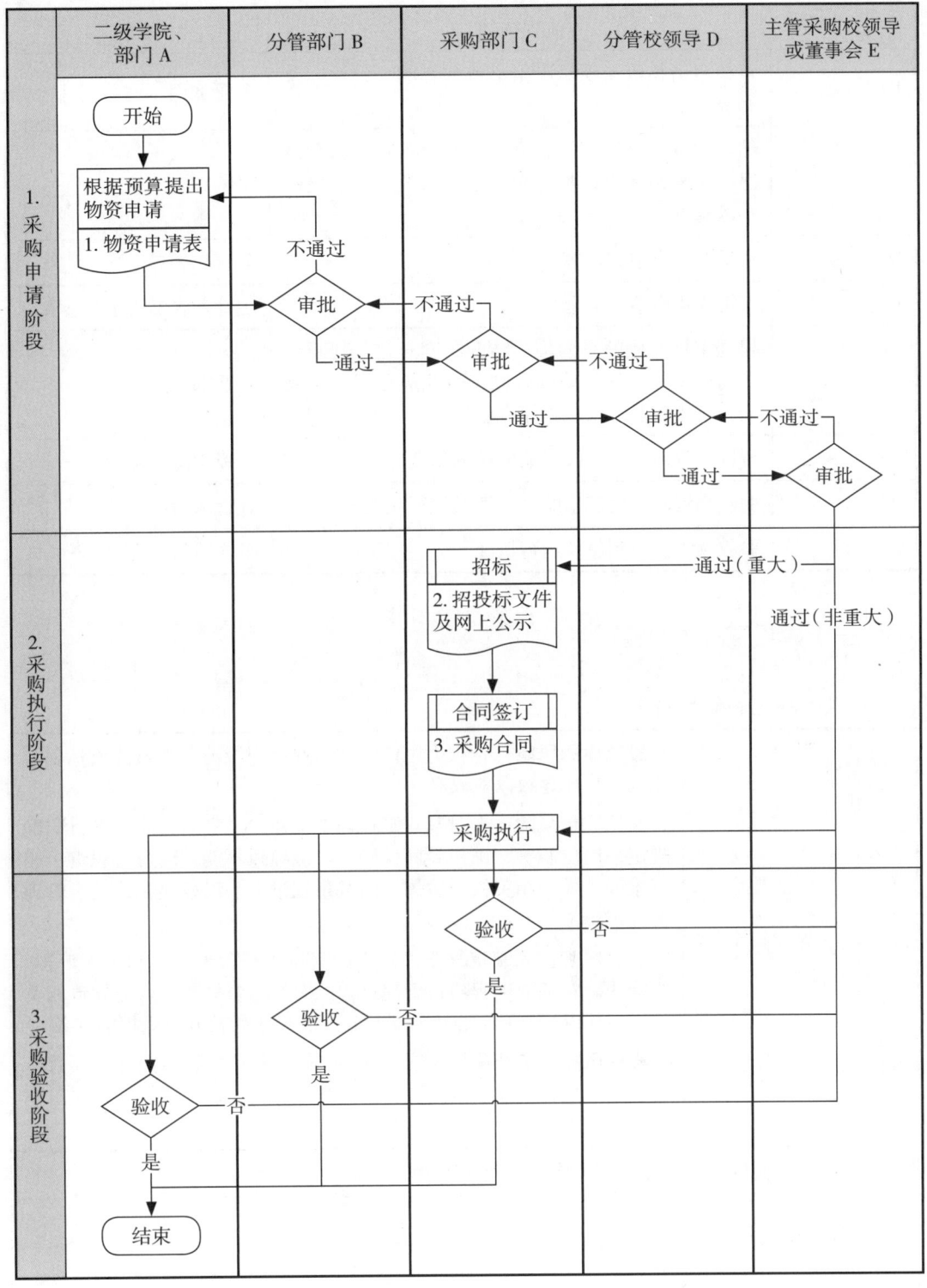

采购管理流程图

3. 关键节点描述

| 关键节点 | | 流程描述 | 角色 |
|---|---|---|---|
| B1 | | 审核申请物资与项目申报书或预算的一致性以及必要性 | 分管部门 |
| C1 | ★ | 结合预算、分管部门意见及原有设备管理运行情况等审核判断申请物资必要性并向上级领导提供参考意见 | 采购部门 |
| D1 | | 审批物资申请的内容 | 分管校领导 |
| E1 | | 审批物资申请的资金 | 主管采购校领导或董事会 |
| C2 | ★ | 根据审批完成的采购项，结合制度规定，判断是否需要招标和签订采购合同，按相应程序执行采购；审核、监督采购程序合法性 | 采购部门 |
| A3 | | 根据自身需求，验收采购完结的物资 | 二级学院、部门 |
| B3 | | 验收物资同使用需求的一致性及运行状态 | 分管部门 |
| C3 | | 验收物资安装到位及运行情况 | 采购部门 |

## （三）建设工程项目管理

1. 风险描述和管控制度

| | | |
|---|---|---|
| 建设工程项目管理 | 风险描述 | 1. **思想道德风险**：各权力主体廉洁从业意识淡薄，因人情或私利等原因，可能导致以权谋私 |
| | | 2. **岗位职责风险**：未对基建工程师、基建专员等岗位职责进行明确规定，岗位职责、工作界面模糊，可能导致不能正确履行职责，相互推诿，导致相关权力主体自由裁量权过大、以权谋私，发生管理失控现象 |
| | | 3. **制度风险**：未制定科学、严谨的建设工程管理制度和工作流程，未能明确对基建工程项目管理过程的有效监督规范，可能导致相关权力主体以权谋私，自由裁量权过大，发生学校利益受损的现象 |
| | | 4. **程序风险**：未经项目立项、规划、施工等审批，可能导致项目本身违法违规等风险；重大项目未经学校相关决议，可能导致项目建设不合规等风险 |
| | 参考制度 | 《建设工程项目管理办法》 |
| | 相关报告/表单 | 1. 决算报告<br>2. 审计报告 |
| | 责任部门 | 资产管理处 |

2. 流程图

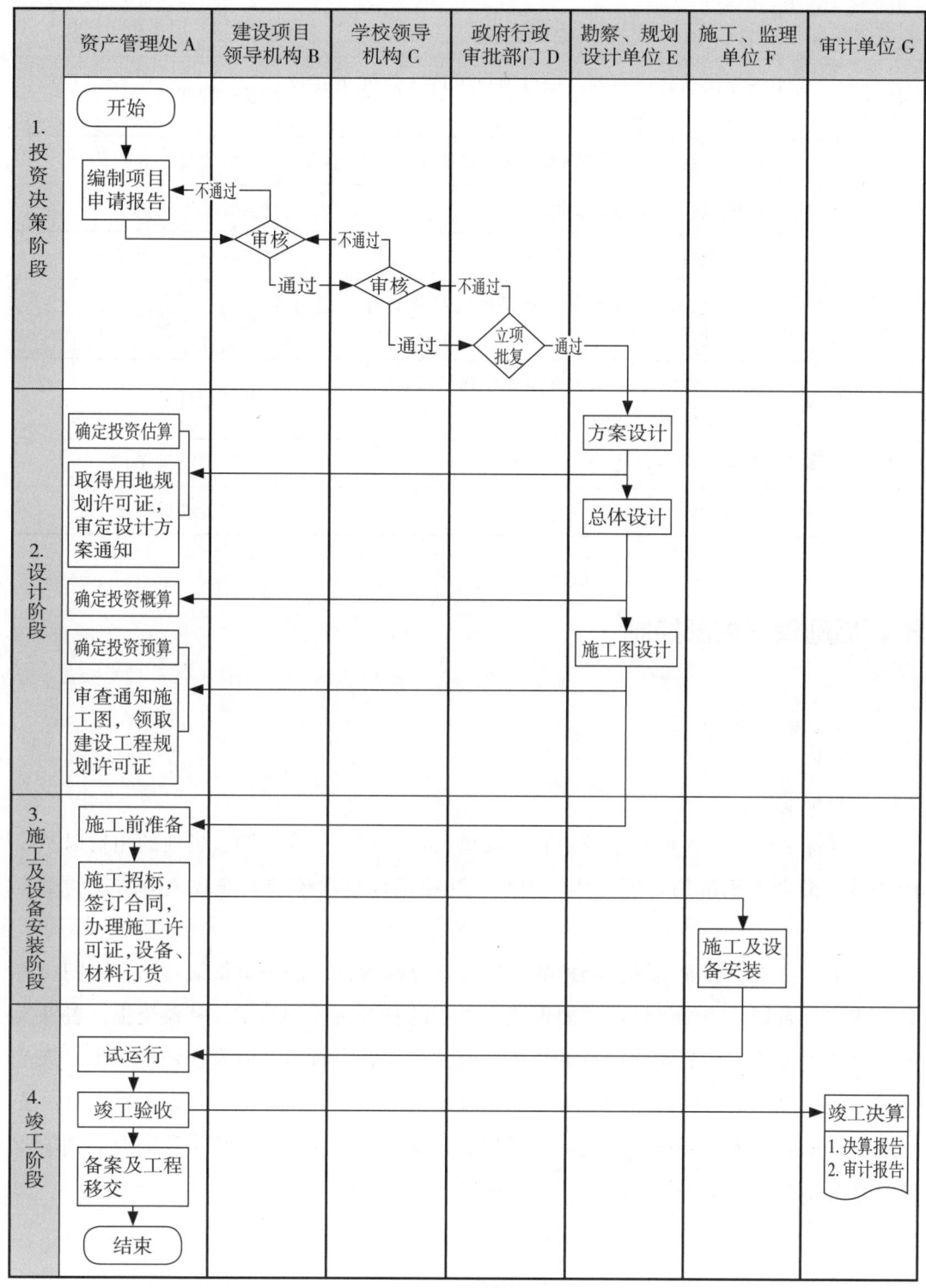

建设工程项目管理流程图

3. 关键节点描述

| 关键节点 | 流程描述 | 角色 |
|---|---|---|
| A1 | 根据学校建设需要，进行项目可行性分析并请示报告 | 资产管理处 |
| B1 | 审核项目建设的合理性和项目申请报告的科学性 | 项目建设领导机构 |
| C1 | 审核项目建设的必要性 | 学校领导机构 |
| D1 | 审批项目立项 | 政府行政审批部门 |
| E2 | 根据建设需要和资金预算情况委托设计单位进行项目设计 | 勘察、规划设计单位 |
| A3 ★ | 按国家及行业法律法规组织项目招投标；监督工程进度和质量 | 资产管理处 |
| F3 ★ | 施工及设备安装 | 施工、监理单位 |
| A4 ★ | 项目验收 | 资产管理处 |

# 十、后勤管理内部控制

（一）基本情况

1. 归口管理

后勤保卫处餐饮及商业服务中心主要负责各食堂、商业店铺、场地的租赁以及校内餐饮及商业街店铺的管理工作。因此，这项工作是学校纳入廉政风险防控的重点项目。

其中，食堂、商业店铺、场地的租赁包括合同签订、法务审核流程、合同归口管理等内容。合同是市场经济的重要形式，失当的管理可能导致学校利益受损。餐饮及商业街店铺的管理包括对供应商的资质、经营范围的审核以及对商户环境卫生、规范操作、经营品质与价格的管理，失当的管理可能导致"三无产品"流入，存在食品安全、食物中毒等安全隐患，可能导致学校名誉受损。因此，商业租赁和商业店铺的监管工作是学校进行廉政风险防控的重点项目。

2. 控制目标

（1）确保商业租赁合同签订的合法性、经济性、可行性和严密性。

(2) 确保合同中无违背上级法律法规的情形。

(3) 规避合同签订过程中的暗箱操作和风险隐患。

(4) 确保各商户合法经营，无欺诈消费，无食品安全事故。

(5) 确保供应商资质真实有效，无"三无产品"、假冒伪劣产品。

(6) 确保各类意见、投诉都能得到相应处理。

(7) 规避商户违规作业处罚过程中的暗箱操作。

3. 相关法规

(1)《中华人民共和国民法典》第三编：合同

(2)《中华人民共和国食品安全法》

## （二）商业租赁合同签订

1. 风险描述和管控制度

| 商业租赁合同签订 | 风险描述 | 1. **思想道德风险**：各权力主体廉洁从业意识淡薄，因人情或私利等原因，可能导致以权谋私<br><br>2. **岗位职责风险**：未对招商发布人员、资质审核人员等岗位职责进行明确规定，岗位职责、工作界面模糊，未对不相容岗位进行有效分离，可能导致不能正确履行职责，相互推诿，导致相关权力主体自由裁量权过大、以权谋私，发生管理失控现象<br><br>3. **制度风险**：未制定科学、严谨的商业合同管理制度和工作流程，未能明确对招商过程的有效监督规范，可能导致相关权力主体以权谋私，自由裁量权过大，发生学校利益受损的情况<br><br>4. **程序风险**：未经分管领导审批，以及法务审核，签订商业合同，可能导致合同本身违法违规等风险 |
|---|---|---|
| | 参考制度 | 《高校食堂餐饮店铺合同签订规章制度》 |
| | 相关报告/表单 | 1. 意向单位资质<br>2. 合同<br>3. 合同审查意见书<br>4. 印章使用登记册 |
| | 责任部门 | 后勤保卫处 |

2. 流程图

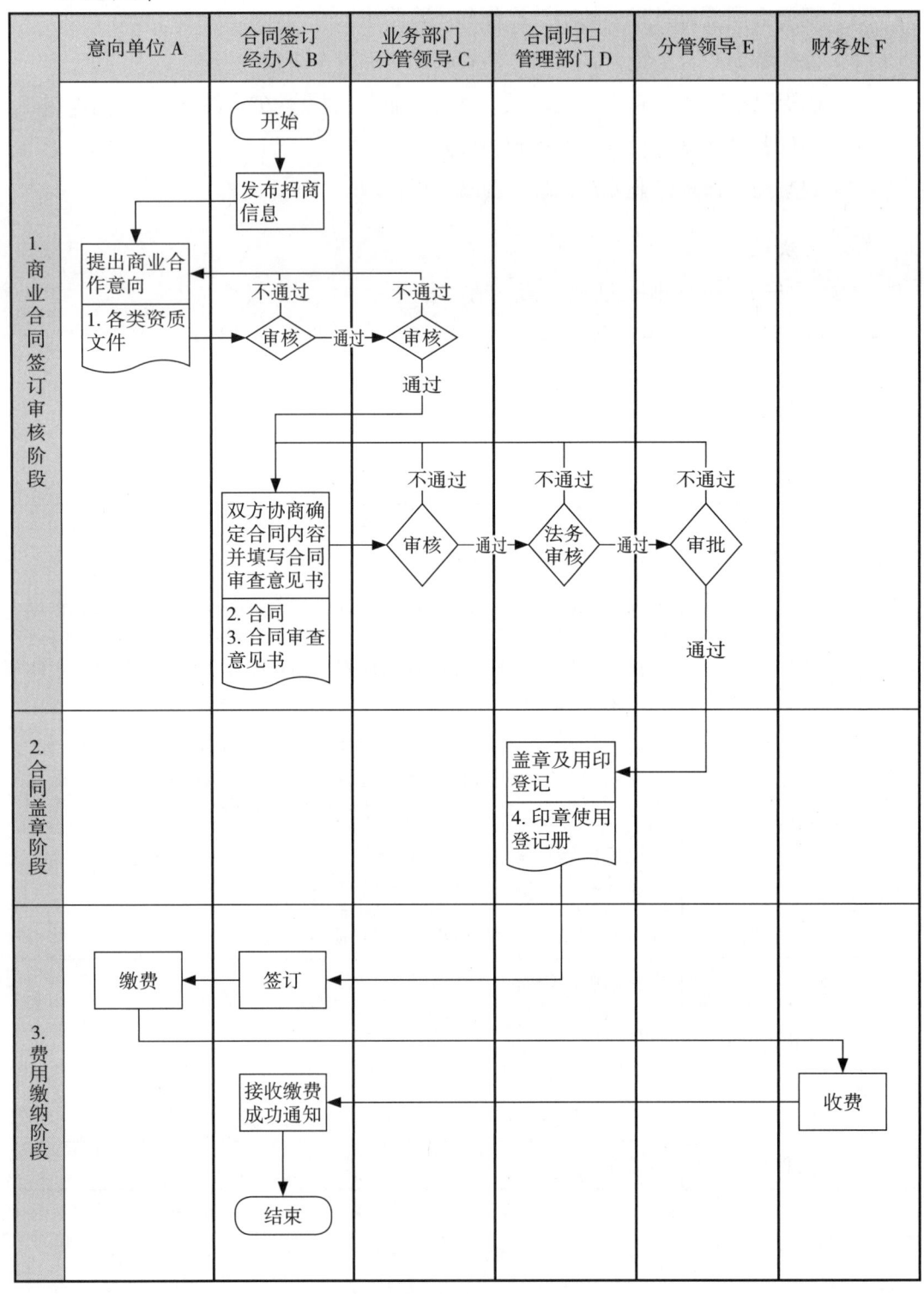

商业租赁合同签订流程图

## 第四章　业务层面内部控制体系

3. 关键节点描述

| 关键节点 | 流程描述 | 角色 |
|---|---|---|
| B1（1） | 合同签订经办人发布招商信息 | 餐饮及商业服务中心 |
| A1 | 意向单位提出商业合作意向，提交各类资质文件 | 意向单位 |
| B1（2） | 合同签订经办人接收意向单位资质文件，并进行初步审核 | 餐饮及商业服务中心 |
| C1（1） | 业务部门分管领导审核意向单位资质文件 | 后保处分管领导 |
| B1（3） | 合同签订经办人与意向单位协商确定合同内容并填写合同审查意见书 | 餐饮及商业服务中心 |
| C1（2）★ | 业务部门分管领导审核 | 后保处分管领导 |
| D1　★ | 合同归口管理部门法务审核 | 校办 |
| E1　★ | 分管校领导审批 | 校领导 |
| D2 | 合同归口分管部门盖章及用印登记 | 校办 |
| A3 | 意向单位缴费 | 意向单位 |
| F3 | 财务处收费 | 财务处 |

## （三）商业店铺监管

1. 风险描述和管控制度

| | | |
|---|---|---|
| 商业店铺监管 | 风险描述 | 1.**思想道德风险**：各权力主体廉洁从业意识淡薄、缺乏政治理论学习，因人情或私利等原因放松对商业店铺的监管力度，可能导致以权谋私现象 |
| | | 2.**岗位职责风险**：未对商业监管部门岗位职责及工作程序进行精确规定，部门负责人未能履行"一岗双责"或者履行不到位，可能会造成部门工作人员违反廉洁自律相关规定，权力过大、权力寻租，导致商业店铺监管不力，学校及学生利益受损现象 |
| | | 3.**制度风险**：未制定科学、严谨的商业店铺监察及管理制度，造成部分制度可操作性不强，部分制度存在重叠，部分机制缺乏相互支撑、相互制约，商业店铺监管约束力和监督力作用不明显，不能形成有效的常规化监管措施 |
| | | 4.**程序风险**：商业店铺监管部门对于店铺检查、整改及奖惩缺乏监管环节及程序，商业店铺监管部门统管整个流程，缺乏上级部门领导审核、审批环节，缺少财务部门对相关奖惩的把控，未能落实权力运行、制度落实的动态监控，可能导致在监管过程中滥用职权、以权谋私的风险 |
| | 参考制度 | 1.《食堂餐饮店铺规章制度》<br>2.《食品卫生安全工作责任追究实施办法》<br>3.《食堂餐饮店铺处罚实施办法》<br>4.《食堂360°量化考评实施办法》 |
| | 相关报告/表单 | 1. 食堂餐饮360°量化考核分数统计表<br>2. 整改/处罚通知单<br>3. 整改报告 |
| | 责任部门 | 后勤保卫处 |

2. 流程图

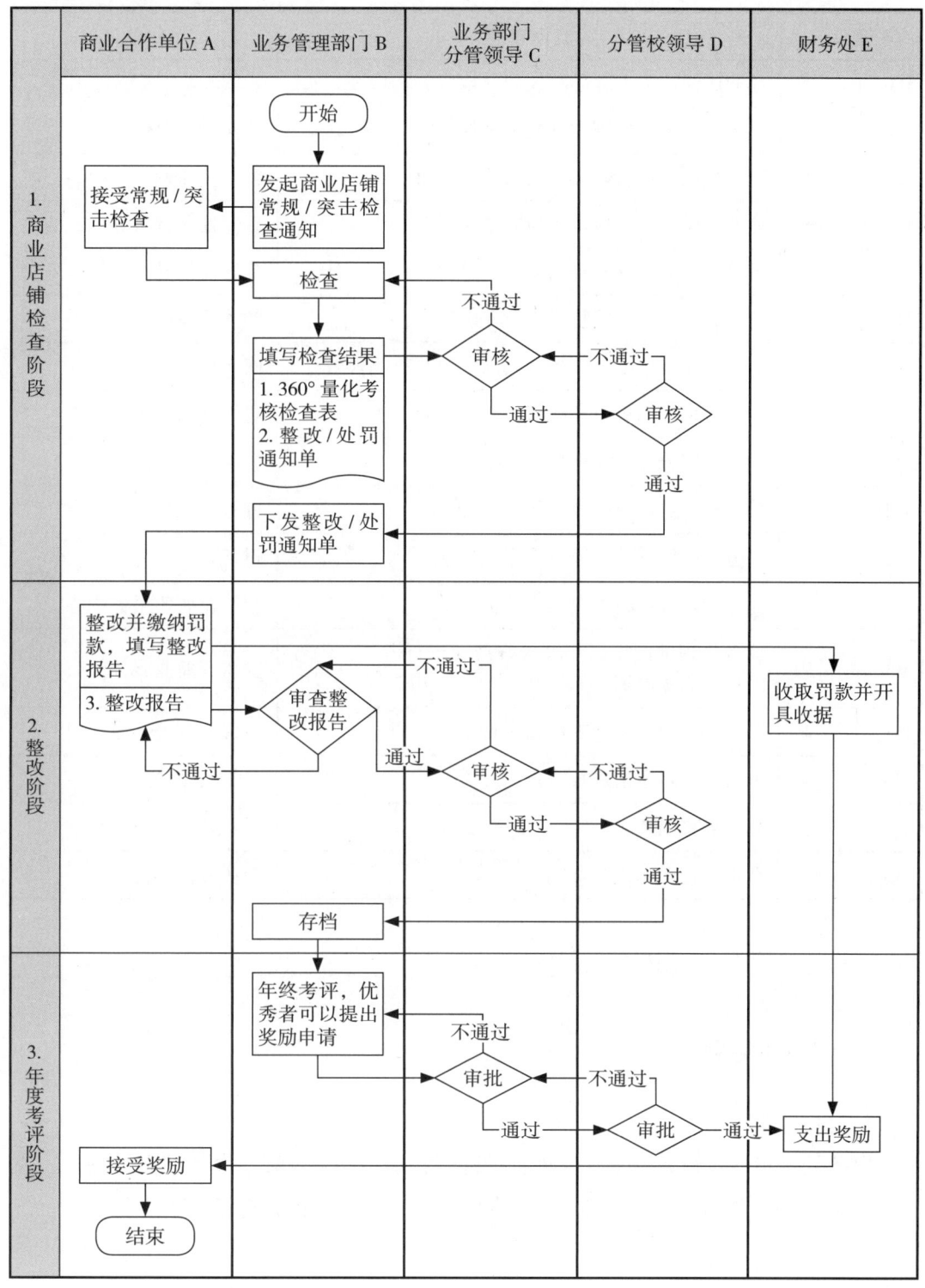

商业店铺监管流程图

3. 关键节点描述

| 关键节点 | | 流程描述 | 角色 |
| --- | --- | --- | --- |
| B1（1） | | 商业店铺业务管理部门发起常规或突击检查 | 餐饮及商业服务中心 |
| A1 | | 商业合作单位接受常规或突击检查 | 商业合作单位 |
| B1（2） | | 商业店铺业务管理部门填写检查结果 | 餐饮及商业服务中心 |
| C1 | ★ | 业务部门分管领导审核检查结果 | 后保处分管领导 |
| D1 | | 分管校领导审核检查结果 | 分管校领导 |
| B1（3） | | 业务管理部门下发整改/处罚通知单 | 餐饮及商业服务中心 |
| A2 | | 商业合作单位整改并缴纳罚款，填写整改报告 | 商业合作单位 |
| B2（1） | ★ | 业务管理部门审查整改报告 | 餐饮及商业服务中心 |
| C2 | | 业务部门分管领导审核整改报告 | 后保处分管领导 |
| D2 | | 分管校领导审核整改报告 | 分管校领导 |
| E2 | | 财务处收取罚款并开具收据 | 财务处 |
| B2（2） | | 业务管理部门将整改报告存档 | 餐饮及商业服务中心 |
| B3 | | 业务管理部门根据年度检查情况进行考评，优秀者提出奖励申请 | 餐饮及商业服务中心 |
| C3 | ★ | 业务部门分管领导对申请进行审批 | 后保处分管领导 |
| D3 | ★ | 分管领导对申请进行审批 | 分管校领导 |
| E3 | | 财务处支出奖励 | 财务处 |
| A3 | | 商业合作单位接受奖励 | 商业合作单位 |

## 十一、财务处内部控制

### （一）基本情况

1. 归口管理

财务处承担学校财务管理、会计管理部门，承担经费管理、会计核算、收费、税务、预算、决算等多项职能。财务处配合做好审计、风险和机遇管控等工作。

2. 控制目标

（1）按照预算管理要求，在预算编审环节，强化预算与规划相结合、资源整合和管理的功能，不断提高预算编制的完整性；在预算执行环节，建立预算执行监控机制和执行反馈机制，财务处和归口部门共同对预算的执行、调整进行审核和监控。

（2）按照财务报销付款制度，对日常财务支出业务的办理，在网上报销填报、财务记账、审核复核、出纳支付等环节加强分级授权、双重复核机制，通过预算指标额度控制、借款预警、往来款催收及时清理、定期稽核检查等方式加强报销付款业务的内控管理。

3. 相关法规

（1）《上海市教育委员会关于进一步做好2015年民办高等学历教育收费工作的通知》（沪教委民〔2015〕4号）

（2）《上海市教育委员会科研创新项目管理办法（2013年修订版）》（沪教委科〔2013〕20号）

（3）《关于加强民办高等学校学费及政府扶持资金帐户管理的通知》（沪教委财〔2009〕80号）

（4）《上海市促进民办教育发展专项资金管理办法》

（5）《高等学校财务制度》

（6）《会计基础工作规范》

（7）《中华人民共和国会计法》

（8）《上海市民办高等学校会计核算办法》

（9）《上海市民办高等学校财务管理办法》

（10）上海市教育委员会关于印发《上海市民办高等学校财务管理办法（试行）》和《上海市民办高等学校会计核算办法（试行）》的通知（沪教委财〔2008〕124号）

（二）预算管理

1. 风险描述和管控制度

| | | |
|---|---|---|
| 预算管理 | 风险描述 | 1.**超支浪费风险**：教学服务、基础建设等部门的资金使用无计划，导致各项目使用过程中超支与浪费<br>2.**实际预算与系统不符风险**：经审批或修改的预算可能与预算管理系统中录入的项目预算金额不符，导致预算控制失效 |
| | 参考制度 | 1.《预决算管理办法》<br>2.《全面预算管理制度》 |
| | 相关报告/表单 | 全口径预算方案 |
| | 责任部门 | 财务处 |

2. 流程图

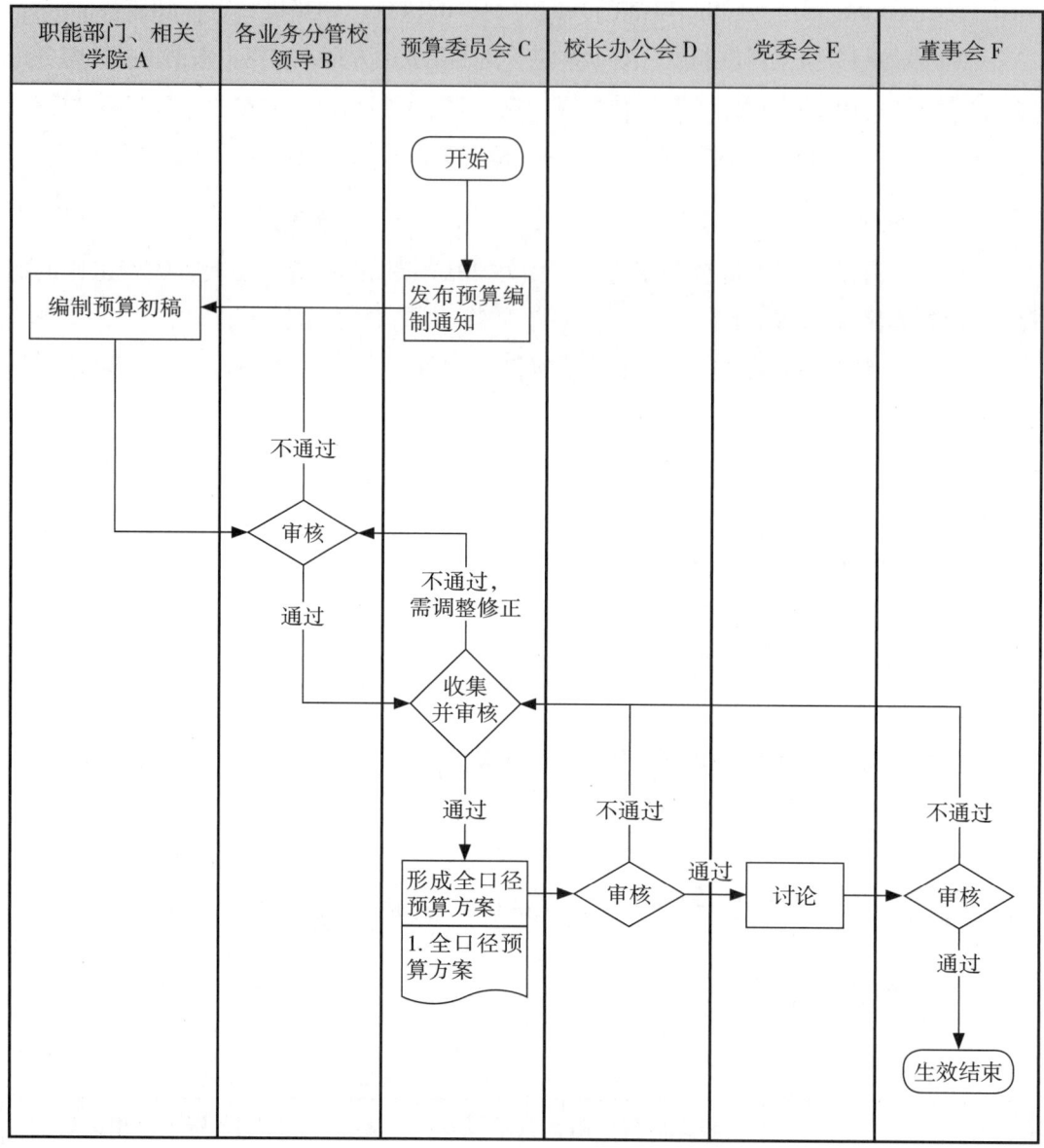

**预算管理流程图**

3. 关键节点描述

| 关键节点 | | 流程描述 | 角色 |
|---|---|---|---|
| C1（1） | | 发布预算编制通知 | 预算委员会 |
| A1 | | 编制预算初稿 | 职能部门、相关学院 |
| B1 | ★ | 审核 | 各业务分管校领导 |
| C（2） | | 收集并审核 | 预算委员会 |
| C（3） | | 形成全口径预算方案 | 预算委员会 |
| D1 | ★ | 审核 | 校长办公会 |
| E1 | ★ | 讨论 | 党委会 |
| F1 | ★ | 审核 | 董事会 |

## （三）报销管理

1. 风险描述和管控制度

| 报销管理 | 风险描述 | **1. 报销与预算不符风险**：需求部门未按照预算进行请购报销，导致拟采购金额超过教委或相关主管领导批准的预算<br>**2. 请购授权不适当风险**：需求部门的请购行为未经适当授权审批，导致不当采购 |
|---|---|---|
| | 参考制度 | 1.《经费收支管理办法》<br>2.《教学业务等五项经费使用管理办法》 |
| | 相关报告/表单 | 报销相关票据 |
| | 责任部门 | 财务处 |

2. 流程图

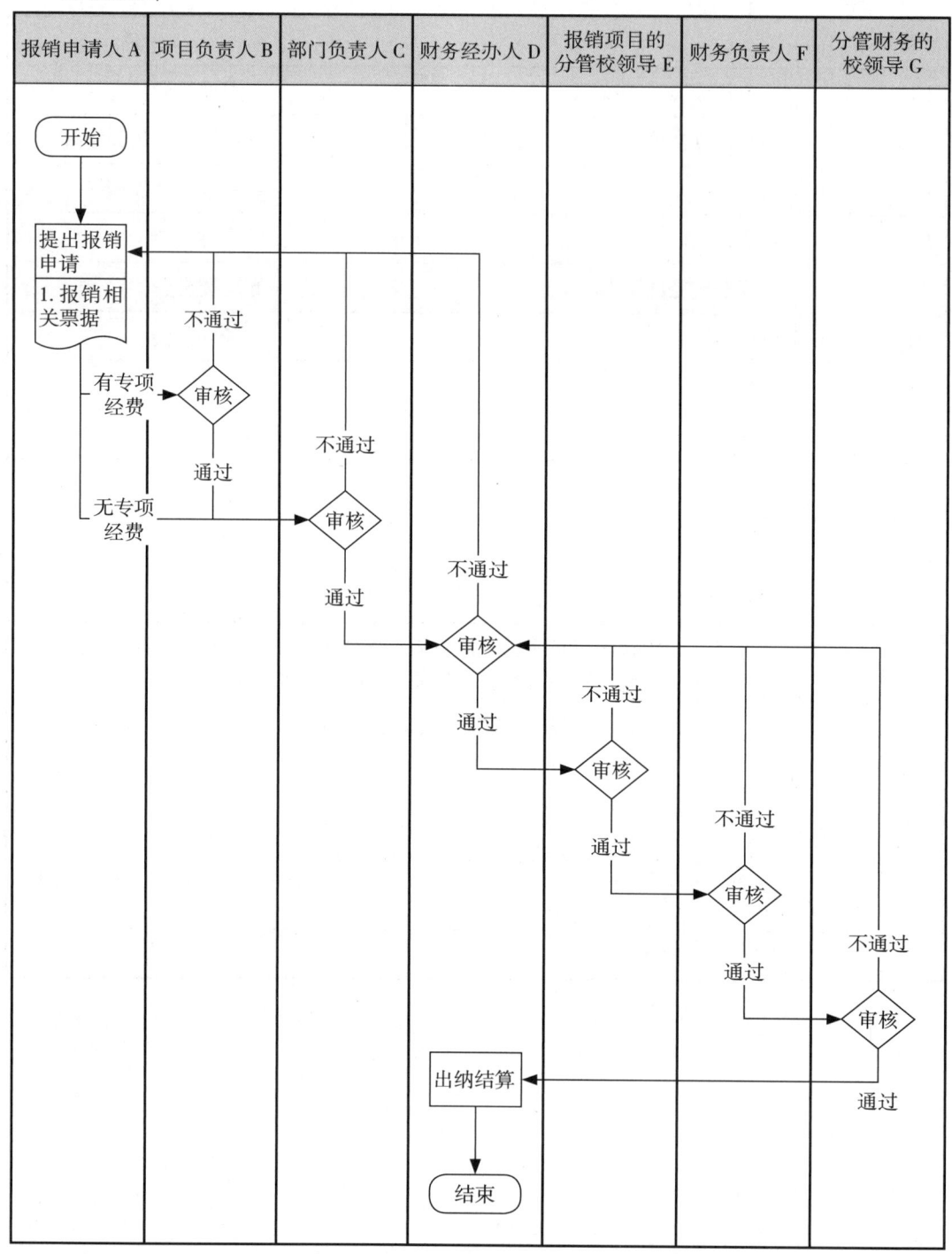

**报销管理流程图**

3. 关键节点描述

| 关键节点 | | 流程描述 | 角色 |
| --- | --- | --- | --- |
| A1 | | 提出报销申请 | 报销申请人 |
| B1 | ★ | 项目负责人审批 | 项目负责人 |
| C1 | ★ | 审核 | 部门负责人 |
| D1 | ★ | 审核 | 财务经办人 |
| E1 | ★ | 审核 | 报销项目的分管校领导 |
| F1 | ★ | 审核 | 财务负责人 |
| G1 | ★ | 审核 | 分管财务的校领导 |

# 第五章  相关规章制度与表单样本案例

## 一、相关规章制度

### (一)落实"三重一大"制度实施办法(试行)

| 制度名称 | 落实"三重一大"制度实施办法(试行) | 编号 | |
| --- | --- | --- | --- |
| | | 受控状态 | |
| 编制部门 | | | |

1. 目的
   为深入贯彻落实全面从严治党、依法治校的要求,进一步落实民主集中制的决策机制,规范和监督学校领导班子决策行为,防范决策风险,提高科学民主决策水平,推动学校科学发展。

2. 适用范围
   本办法中的"三重一大"主要指一般由校长办公会研究决策的事项。

3. 定义
   无。

4. 职责
   4.1 校长办公会负责研究、讨论、决策"三重一大"事项,明确牵头班子成员、具体实施部门和时间节点。
   4.2 牵头班子成员和实施部门负责具体实施、落实"三重一大"事项。
   4.3 学校办公室负责建立定期跟踪督促检查的工作机制。
   4.4 纪检部门负责建立监督和责任追究制度。

（续表）

5. 管理内容

5.1 "三重一大"事项具体是指重大决策事项、重要人事任免事项、重大项目安排事项和大额度资金使用事项（以下简称"三重一大"）。

5.2 关于"重大决策"事项

重大决策事项主要是指事关学校改革发展稳定全局和广大师生员工切身利益，依据有关规定应当由学校领导班子集体共同研究决定的重要事项。主要包括：

5.2.1 贯彻落实党和国家的路线方针政策、国家法律法规和上级重要决定的重大举措；

5.2.2 落实董事会关于学校的办学方向、办学理念、学校定位与办学指导思想等工作安排；

5.2.3 学校党的组织建设、党风廉政建设、思想政治工作、精神文明建设等方面的重大安排；

5.2.4 学校发展规划的方案起草、综合改革方案和重大改革安排的制定，校园基本建设、人才队伍建设、财务运行状态、学校机构设置、空间布局重大调整；

5.2.5 学校年度工作计划、总结，卓越建桥计划年度实施要点、两级管理目标责任制考核指标体系的制定，学期重点安排，上报上级部门的重要请示、报告；

5.2.6 学校财务经费使用情况，预算执行和决算审计情况；重要资产的处置、重要办学资源的配置；

5.2.7 学校重要规章制度（如ISO质量管理体系）的建立、维护、保持；

5.2.8 人才培养、学科建设，教学、科研平台建设，专业设置和调整，招生政策、计划，就业工作、重要产学合作和创新创业工作；

5.2.9 涉及教职工薪酬分配、福利待遇、职称评定等切身利益和关系学生利益的重要事项；

5.2.10 市级以上荣誉申报，学校重要荣誉的设立，校内重大表彰、奖励、惩处；

5.2.11 校园安全稳定和重大信访、突发事件的处置；

5.2.12 国（境）内外重要合作交流事项、合作办学；

5.2.13 学校班子领导认为应当集体决定的其他重大决策事项。

5.3 关于"重要人事任免"事项

重要人事任免事项主要是指学校中层及以上的干部任免和需要报送上级机关审批的重要人事安排。主要包括：

5.3.1 中层干部的任免、奖惩；

5.3.2 校长助理、校级后备干部推荐、选拔；

5.3.3 各级人大代表、政协委员人选的推荐；

5.3.4 校级学术委员会、教学委员会、学位评定委员会、专业技术职务聘任委员会等重

（续表）

要的全校性工作领导常设或议事协调机构负责人和成员的任免；

5.3.5 学校全资、附属单位主要管理人员的任免；共建或学校出资联合举办单位主要管理人员的推荐；

5.3.6 学校教职工人员编制方案；

5.3.7 学校班子领导认为应当集体决定的其他重要人事任免事项。

5.4 关于"重大项目安排"事项

重大项目安排事项主要是指对学校的战略部署、规模条件、办学质量、办学效益等产生重要影响的项目设立和安排。主要包括：

5.4.1 各类重点申报和建设项目；

5.4.2 国（境）内外重大交流合作项目；

5.4.3 重大战略合作项目；

5.4.4 重大设备、物资采购和购买服务项目；

5.4.5 重大对外输出性项目；

5.4.6 重大服务地方经济和社会发展、产教融合项目；

5.4.7 重大基本建设和大额度的基建修缮项目；

5.4.8 学校重大庆典活动；

5.4.9 学校班子领导认为应当集体决定的其他重大项目安排事项。

5.5 关于"大额资金使用事项"是指超过学校所规定的党政领导人员有权调动、使用的资金限额的资金调动和使用。主要包括：

5.5.1 涉及 50 万元以上资金的年度预算调整；

5.5.2 未列入学校年度预算的追加 10 万元以上或超过 10% 的预算的大额支出和调整事项；

5.5.3 学校大额资金的对外捐赠及贵重实物的对外使用；

5.5.4 学校班子领导认为应当集体决定的其他大额资金使用事项。

5.6 凡列入上述"三重一大"范围的事项，应以会议的形式集体研究决策，不得以领导个人审批签字、会签传阅或个别征求意见等方式代替会议决定。

5.6.1 "三重一大"事项提交决策前，应按照法律法规和学校相关制度规定，进行深入细致的调查研究，充分论证；

5.6.2 对于专业性、技术性较强的重要事项，应经过专业委员会咨询论证；

5.6.3 对于涉及师生群众切身利益的重要事项，应广泛听取师生群众的意见和建议；

5.6.4 对涉及大额资金往来、安全稳定、舆情风险的事项，应当进行风险评估；

5.6.5 对涉及法律问题的事项，应当进行合法合规性审查；

5.6.6 选拔任免中层以上干部，在会议研究前应进行背景经历审查，主要从德、能、勤、绩、廉多方面进行审查，为会议决策提供全面的考察意见；

（续表）

5.6.7 按规定应由党委会研究决定的事项，由党委会集体研究决定。对于学校章程中规定由董事会决策的事项，应由学校董事会集体研究决定。其他不属于党委会、董事会决策的"三重一大"事项，一般由校长办公会研究决策。

5.7 会议研究"三重一大"事项时，应当坚持"一事一议"，表决办法、议事程序等见相应的议事程序管理办法。

5.8 除涉密、内部敏感信息和可能造成其他影响的情况外，应当按照有关规定予以信息公开。

5.9 二级学院、部门的"三重一大"事项，参照本办法执行。

6. 相关文件

　　6.1 章程

　　6.2 校长办公会议事程序管理办法

　　6.3 督促检查工作实施办法

7. 相关记录

　　无。

| 编制日期 | | 审核日期 | | 批准日期 | |
|---|---|---|---|---|---|
| 修改标记 | | 修改处数 | | 修改日期 | |

## (二)二级学院党政联席会议议事规则

| 制度名称 | 二级学院党政联席会议议事规则 | 编号 | |
|---|---|---|---|
| | | 受控状态 | |
| 编制部门 | | | |

### 一、总则

**第一条** 根据《中国共产党章程》《中国共产党普通高等学校基层组织工作条例》《关于加强和改进新形势下高校思想政治工作的意见》《关于加强民办学校党的建设工作的意见（试行）》等政策文件和学校章程，制定本规则。

**第二条** 党政联席会议讨论和决定二级学院工作中的重要事项。有关党的建设，包括干部任用前的政治把关、基层党组织和党员队伍建设等工作，由二级学院党委会（总支委员会）会议研究决定；涉及办学方向、学生工作、教师队伍建设、师生员工切身利益等重大事项，由党委会（总支委员会）会议先行把关，再提交党政联席会议决定。要保证党政联席会议对二级学院重要事项的决定权，同时不能用党政联席会议替代党委会（总支委员会）会议。

**第三条** 坚持民主集中制，按照集体领导、民主集中、个别酝酿、会议决定的原则，集体讨论决定重大问题，建立健全集体领导、党政分工合作、协调运行的工作机制。

### 二、议事决策范围

**第四条** 党政联席会议讨论决定二级学院办学过程中的重要事项。主要包括：

（一）事关二级学院改革发展和稳定的事项

1.贯彻落实党的教育方针政策、上级有关决策部署和学校整体发展规划、教学科研管理各项工作安排等重要事项；

2.二级学院发展规划、年度工作计划与总结，学科专业建设方案和重要改革举措，重要规章制度和质量管理体系文件的制定、修订等重要事项；

3.拟提交学校核准的二级学院内设机构设置，调整方案，管理、咨询类组织的设置，校外合作单位的选定，干部选拔任用等重要事项。

4.年度财务预算决算的审定和执行，大额度资金使用及接受大额捐赠等重要事项；

5.大型设备仪器和大宗物资申购及购买第三方服务、对外输出和提供服务、涉及基建和修缮等重要事项；

6.空间利用、改造方案，房舍使用、调整方案，设备设施等办学资源配置，重要资产处置方案，无形资产的使用等重要事项；

7.服务地方经济和社会发展、产教融合等重要事项；

（续表）

8. 各类由学院审批的重要事项，涉及管理服务的重要事项；
9. 维护安全稳定、防范和处置突发事件、重大舆情等重要事项；
10. 重要信访事项、卫生防疫工作和安全稳定突发事件。

（二）事关教师队伍建设的事项

1. 教师引进、培养、深造、交流、参加社会活动，教学、科研团队建设，教师管理过程中的重要事项；
2. 教职工的聘任、调动、晋升、考核、职称职级评定、薪酬分配中的重要事项；
3. 人才工作方案、人才招聘与队伍建设、各类人才计划人选推荐申报中的重要事项；
4. 教职工违规、违纪和惩处等重要事项。

（三）事关学生培养的事项

1. 招生计划，学科和专业设置调整，学生培养方案制定、修订，涉及培养项目的设立和终止等重要事项；
2. 课程建设、教学管理、教材选用和编写等重要事项；
3. 学生学籍管理，招生、毕业、就业、奖惩工作和困难学生帮扶，无故欠费催缴，导师遴选，学生出国（境）的选派等重要事项；

（四）科研机构平台、团队建设，科研项目、经费日常管理，科研成果转化、科研奖励和联合培养研究生等相关的重要事项

（五）开展国（境）内外教学、科研和学术交流合作中重要事项

（六）学术委员会、教学委员会、学位评定分委员会、教授委员会等重要常设或议事协调机构和其他管理、咨询类机构负责人和主要成员的选拔任用等重要事项

（七）以二级学院名义设立的荣誉表彰、奖励，上级重要表彰、奖励人选推荐等重要事项

（八）其他需要党政联席会议讨论决定或需请示、报告学校的重大事项

**第五条** 党政联席会议还要贯彻落实学校关于加强二级学院有关工作和基层党建有关部署，以及对二级学院党委会（总支委员会）研究形成的相关决议或决定，作为会议研究事项，共同研究落实。对师生思想政治工作、教风、学风和师德师风建设、宣传思想、统一战线、少数民族、安全稳定、党风廉政和巡视、督促检查等工作加以研究和落实。

### 三、议事决策原则和程序

**第六条** 党政联席会议一般每一至两周召开一次，遇有特殊原因经院长、书记协商同意可以随时召开。会议一般由院长主持，根据议题内容，也可由书记主持。

**第七条** 党政联席会议成员为二级学院党政领导班子成员（院长、书记、副院长、副书记）；院长助理、工会主席和纪检委员、办公室主任列席会议。学工相关负责人、系主任、实验中心主任等可根据议题需要分别列席会议，列席人员没有表决权。会议必须有半

（续表）

数以上成员到会方可召开，讨论和决定干部任免等重大事项时必须有三分之二以上成员到会。因故不能出席者应当在会前向主持人请假。

**第八条** 党政联席会议议题由党政领导班子成员提出，由院长、书记协商确定。对重要议题，院长、书记应当在会前互相沟通，意见不一致的应暂缓上会。集体决定重大事项前，院长、书记和党政联席会议成员要个别酝酿、充分沟通。

**第九条** 会议坚持科学决策、民主决策、依法决策。对拟研究讨论的重要事项，会前应当深入调查研究，充分听取各方面意见，视情况进行合法合规性审查和风险评估。涉及教学科研、人才引进和学科建设中的重要事项，应充分听取学校相关归口主管部门、学术委员会、教学委员会、学位评定分委员会、教授委员会等的意见。对事关师生员工切身利益的重要事项，应通过教职工代表大会、学生代表大会或其他方式，广泛听取师生员工的意见。涉及干部任免的议题，应充分听取行政领导班子成员的意见和垂直对口校级职能管理部门的意见，按照有关规定做好相关工作。

**第十条** 党政联席会议议题应当在会前收集、编排并公布给有关参会人员。议题一般一事一报，编排和纪要时一般一事一段，议题相关材料处理、会前通知、会议记录和纪要工作由二级学院办公室负责。党政联席会议纪要应当通过学校公文信息化系统办理发文程序，由院长或书记在系统或发文稿纸中审批签发生效。会议记录和纪要均应归档。会议纪要的格式应当按照学校公文处理的规范进行排版和印制。会议的名称一般为"上海建桥学院×××学院××年第×次党政联席会议"，按自然年编排召开的次数和编号。

党政联席会议按既定议程逐项进行，主持人应当控制进度和会议时间，无特殊情况或未经院长、书记同意，不得临时动议议题或讨论无关事项。

**第十一条** 党政联席会议议事和决策实行民主集中制，在充分讨论的基础上，按照少数服从多数的原则形成决议或决定。如对重要问题发生较大意见分歧，一般应当暂缓作出决定。主持人应当最后表态。

**第十二条** 党政联席会议讨论决定重要事项时应当进行表决。表决可以根据实际情况通过不同的方式进行，赞成票超过应到会委员半数为通过。未到会人员意见不得计入票数。会议讨论和决定多个事项或讨论多个干部问题时，应当逐项逐人分别表决。

紧急情况下不能及时召开党政联席会议决策的，院长、书记或党政联席会议其他成员经院长授权后可以临机处置，事后应当及时向党政联席会议报告并按程序予以确认。相关情况应补充至最近一次党政联席会议会议纪要中。

**第十三条** 党政联席会议决议分为以下几种：批准和通过；原则批准或原则通过，按要求作相应修改后实施或发布；暂不形成决议，责成相关负责人或相关单位另行提出意见再行研究；不予批准或不予通过。

**第十四条** 党政联席会议议题涉及与会人员（含会务准备人员）本人或者利益相关人员，以及其他可能影响公正决策的情形，本人必须回避。

（续表）

第十五条 党政联席会议作出的决议或决定，涉及党委会（总支委员会）研究事项的，应当及时向党委会（总支委员会）提出，涉及学校相关部门的，应该及时与相关部门沟通，适合公开的应当依据有关规定及时公开。

对需要保密的内容（含尚未正式公布的会议决定），参会人员应当严格保密。党政联席会议的会议纪要，除发放给与会人员、下属部门外，必要时应当抄送学校相关部门。

**四、议定事项执行与监督**

第十六条 党政联席会议决定的事项，由分管领导或部门负责组织实施，执行情况应当及时向院长、书记汇报。二级学院办公室负责做好党政联席会议决议和相关工作要求的通知、传达和协调，并建立有效的督促检查、评估、定期反馈机制，确保既定目标任务得到落实。

第十七条 党政联席会议决定的事项，二级学院各单位和个人应当及时执行，对决议有不同意见或不满的，可按程序逐级反映。对执行不力、无故拖延的，应当依照有关规定问责追责；决策执行过程中需作重大调整的，应当提交党政联席会议重新确定或复议。

**五、附则**

第十八条 党政联席会议成员应当正确处理好教学、科研和日常工作的安排，事先熟悉会议内容，准时参与每次会议，保证会议的正常召开。

第十九条 本规章由学校办公室、校党委组织部制定，经2020年第39次校长办公会审核通过，各二级单位可以根据实际情况，在不违背相关原则性要求的前提下，分别制定议事规则或实施细则。单独制定议事规则或实施细则的，需报学校审核后方可实施，未单独制定议事规则或实施细则的，按本规则严格执行。

第二十条 本规则自2021年4月1日起实施，原有相关规定与本规定不一致的，以本规定要求为准。

| 编制日期 | | 审核日期 | | 批准日期 | |
|---|---|---|---|---|---|
| 修改标记 | | 修改处数 | | 修改日期 | |

## （三）服兵役高校学生国家教育资助实施办法

| 制度名称 | 服兵役高校学生国家教育资助实施办法 | 编号 | |
| --- | --- | --- | --- |
| | | 受控状态 | |
| 编制部门 | | | |

1. 目的

为鼓励我校学生积极应征入伍服义务兵役，提高兵员征集质量，推动国防和军队现代化建设。

2. 适用范围

适用于全校范围。

3. 定义

无。

4. 职责

学生资助管理中心会同学校后保处、教务处、财务处、武装部，共同完成对申请人相关信息的审核。

4.1 后保处负责核实入伍学生的户籍信息；

4.2 教务处负责核实学生学籍和学业完成情况信息；

4.3 财务处负责核实学生缴纳学费情况；

4.4 学生资助管理中心负责对入伍学生的受助资格、标准、金额等相关信息进行审核，向上海市学生资助管理中心递交申报材料。资金到账后按政策发放资金。

5. 管理内容

5.1 受理对象

5.1.1 应征入伍服兵役高校学生国家教育资助，是指国家对应征入伍服义务兵役、招收为士官的高校学生，在入伍时对其在校期间缴纳的学费实行一次性补偿或获得的国家助学贷款实行代偿；对应征入伍服义务兵役前正在高等学校就读的学生（含按国家招生规定录取的高校新生），服役期间按国家有关规定保留学籍或入学资格、退役后自愿复学或入学的，实行学费减免；对退役一年以上，自主就业，通过全国统一高考或高职单招考入高等学校并到校报到的入学新生，实行学费减免。

5.1.2 下列高校学生不享受以上国家资助：

（1）在校期间已通过其他方式免除全部学费的学生；

（2）定向生（定向培养、士官除外）、委培生和国防生；

（3）其他不属于服义务兵役或招收士官到部队入伍的学生。

（续表）

5.2 标准及年限

5.2.1 学费补偿、国家助学贷款代偿及学费减免标准，本专科生每人每年最高不超过8000元。学费补偿或国家助学贷款代偿金额，按学生实际缴纳的学费或获得的国家助学贷款（包括本金及其全部偿还之前产生的利息，下同）两者金额较高者执行，据实补偿或代偿。退役复学后学费减免金额，按学校实际收取学费金额执行。以上所指学费均不包含住宿费、代办费。

5.2.2 获得国家助学贷款的我校在校生应征入伍后，国家助学贷款暂停发放。

5.2.3 学费补偿、国家助学贷款代偿和学费减免的年限，按照国家对本专科规定的相应修业年限据实计算。以入伍时间为准，入伍前已达到的修业规定年限，即为学费补偿或国家助学贷款代偿的年限；退役复学后应完成的国家规定的修业年限的剩余期限，即是学费减免的年限。复学后攻读更高层次学历不在减免学费范围之内。

专升本毕业生补偿学费或代偿国家助学贷款的年限，按照完成本科学位阶段学习任务规定的学习时间（即2年）计算。

专升本在校生，在专科阶段（应届毕业）应征入伍的，以专科学习年限实行学费补偿或国家助学贷款代偿；在本科阶段应征入伍的，以本科已学习年限计算，实行学费补偿或国家助学贷款代偿，其以前专科学习时间不计入学费补偿或国家助学贷款代偿。

5.3 申请材料

5.3.1 应征报名的学生登录全国征兵网，按要求在线填写、打印《应征入伍服兵役高等学校学生国家教育资助申请表Ⅰ》（一式两份），并携带入伍通知书复印件，交至学生资助管理中心。

5.3.2 在校期间获得国家助学贷款的学生，需同时提供《国家助学贷款借款合同》复印件和本人签字的一次性偿还贷款计划书。

5.3.3 退役后自愿回校复学或入学的学生和退役后考入我校的入学新生，到学校报到后登录全国征兵网，按要求在线填写、打印《应征入伍服兵役高等学校学生国家教育资助申请表Ⅱ》，并携带退役证书复印件，交至学生资助管理中心。

5.4 资金发放、管理与监督

5.4.1 资金管理发放按国家规定进行。对于学费补偿金额，在上级部门拨款至学校后，及时将补偿资金发放至学生预留的本人银行卡内。

5.4.2 对于办理校园地国家助学贷款的学生，在上级部门拨款至学校后，由学校按照还款计划，一次性向银行偿还学生校园地国家助学贷款本息，并将银行开具的偿还贷款票据交寄学生本人或其家长。偿还全部贷款后如有剩余资金，存入学生本人预留的银行卡内。对于在户籍所在县（市、区）办理了生源地信用助学贷款的学生，由学校根据学生签字的还款计划，将代偿资金一次性存入学生本人预留的银行卡内。

5.4.3 对于学费减免资金，做到"先免后补"。学生退役复学或入学的第一个学年，在

（续表）

国家资助资金到账前，退役学生先至学生资助管理中心申请服兵役学生学费减免，后至财务处缴纳除学费减免额度以外的费用；当国家资助资金到账后，由财务处及时做好相应费用的冲抵结算；后续的每个学年开学初，学生资助管理中心会同财务处，按照政策要求和相关规定为仍然享受政策的在校学生及时做好学费减免手续，学生按规定缴纳除减免以外的额度。

5.4.4 因本人思想原因、故意隐瞒病史或弄虚作假、违法犯罪等行为造成退兵的学生，学校取消其受助资格，并不得申请学费减免。

5.4.5 因部队编制员额缩减、国家建设需要、因战因公负伤致残、因病不适宜在部队继续服役、家庭发生重大变故需要退出现役等原因，经组织批准提前退役的学生，仍具备受助资格。

5.4.6 我校对高校学生应征入伍服义务兵役国家资助资金实行分账核算，专款专用，并接受财政、审计、纪检监察、主管机关等部门的检查和监督。

6. 相关文件

《学生资助资金管理办法》（财科教〔2019〕19号）

| 编制日期 | | 审核日期 | | 批准日期 | |
|---|---|---|---|---|---|
| 修改标记 | | 修改处数 | | 修改日期 | |

## (四)实验室建设项目管理办法

| 制度名称 | 实验室建设项目管理办法 | 编号 | |
|---|---|---|---|
| | | 受控状态 | |
| 编制部门 | | | |

1. 目的

为了加强实验室的规划、建设、管理及经费使用效率的跟踪评价,特制定本办法。

2. 适用范围

适用于全校范围。

3. 定义

无。

4. 职责

4.1 教务处负责统筹规划、全面协调的管理职能、负责实验室基本建设立项申请书的审定,并汇总各方专家意见后报主管校长审批。

4.2 各院(系、部)院(系、部)必须明确责任主管领导和项目负责人,以保证按建设目标和要求进行实验室建设。

4.3 实验室建设项目所需设备购置由教务处实验室管理办公室负责审核。

4.4 资产管理处负责设备招标、采购、入库验收和入账等工作。

5. 内容

5.1 建设规划

5.1.1 实验室建设规划方案以院(系、部)为单位,由主管领导牵头,结合院系专业设置和学科建设及实验室评估标准合理定位,在充分调研的基础上制订。实验室建设必须有重点、有步骤、分阶段、分年度进行。

5.1.2 实验室阶段性年度建设方案由项目负责人牵头制定。由建设单位的教学委员会组织前期论证并予以审核。论证包括必要性、可行性、规划建设定位、经济效益、设备选型,人员配备及建成后的运行管理等方面,并依据会议内容填写"实验室基本建设项目二级单位论证会记录表"。

5.1.3 公共机房和多媒体教室等公共教学资源的建设与更新项目由教务处根据教学需求提出计划,交主管校长审批。

5.2 项目类别

5.2.1 新建实验室是指按专业发展需要新组建的实验室,每个专业按实际需要可一个专

（续表）

业按一个实验室整体申报，也可根据专业大类由若干个专业组合申报。填报的内容和数据仅限于该实验室，每个新建实验室必须有专人管理和承担相应的教学实验任务。

5.2.2 升级实验室是指已建成投入使用的实验室做进一步改造。

5.3 立项和经费管理

5.3.1 实验室建设项目实行立项申请制度，新建实验室和升级实验室都必须填写实验室基本建设立项申请书、拟开设实验项目汇总表和拟购仪器设备汇总表。此外，对于需要增加条件配套的实验项目，需要填写实验室基本建设项目条件配套汇总表。

5.3.2 审批通过的项目必须在教务处备案。项目所在单位要按审批意见进行项目建设或整改。

5.3.3 实验室的阶段建设计划（包括设备需求计划）应符合实验室整体建设规划的要求，每期建设功能应相对完整，有明确的阶段建设目标和建设内容，并参照《实验实训项目数据库建设和实验室排课管理办法》和《实验室达标创优工作标准》内容要求。院系部提交的设备需求计划必须在广泛的调研基础上，根据分配的经费指标提出，必须反映以下信息：设备名称、台套数、当前市场价格等，对升级实验室项目还必须提供现有仪器设备状况以及相应的实验教学情况。若反映的信息不全面或有虚假，教务处不予受理。

5.3.4 通过审批并已经立项的建设项目列入学校实验室建设投资计划，教务处实验室管理办公室负责项目的日常管理、指导、协调和监督工作。

5.3.5 项目经费应严格按照批准预算表中所列科目经费执行，不得随意改变资金使用方向和内容。确有必要调整的，应按原审批程序报批。

5.4 项目实施

5.4.1 经批准立项的实验室建设项目按项目管理方式由项目组负责组织实施，项目负责人是直接责任人，负责项目实施的全面工作；项目所在院（系、部）主管实验室领导对项目实施负有领导和组织进行中期检查的责任。建设期内一般不得更换负责人，确因工作需要更换项目负责人，项目建设单位应及时向教务处提出书面申请，同时提出新的建设负责人或建设团队成员推荐人选，经分管校领导批准后办理变更手续。若因更换项目负责人造成项目不能按期完成或造成项目重大失败，将追究相关责任。

5.4.2 实验室建设项目一经批准，应严格按照项目申报书的建设方案执行，不能随意改变实施方案。确实需要对项目的计划和实施方案加以修改时，需要由项目所在院（系、部）进行认真深入的论证，然后向教务处提交新的建设方案论证报告。论证报告的内容包括计划变更原因、建设目标、预期效益、实施方案和院系部意见。由教务处组织专家审议，填写实验室基本建设项目专家评审表，并报主管校长审批后方可实施。

5.4.3 实验室建设项目一经批准，应严格按照项目申报书的建设方案执行，不能随意改变实施方案。确实需要对项目的计划和实施方案加以修改时，需要由项目所在院（系、部）进行认真深入的论证，然后向教务处提交新的建设方案论证报告。论证报告的内容包括计划变更原因、建设目标、预期效益、实施方案和院系部意见。由教务处组织专家审议，填

（续表）

写实验室基本建设项目专家评审表，并报主管校长审批后方可实施。

5.4.4 实验室建设项目一经批准，应严格按照项目申报书的建设方案执行，不能随意改变实施方案。确实需要对项目的计划和实施方案加以修改时，需要由项目所在院（系、部）进行认真深入的论证，然后向教务处提交新的建设方案论证报告。论证报告的内容包括计划变更原因、建设目标、预期效益、实施方案和院系部意见。由教务处组织专家审议，填写实验室基本建设项目专家评审表，并报主管校长审批后方可实施。

5.4.5 设备采购严格按照学校相关规定办理。项目负责人对每批设备都必须组织验收，并填写验收报告，验收合格后由验收负责人签字。各项目组要制定设备或工程的验收方法和判断合格的标准。

5.5 项目验收

5.5.1 实验室建设项目完成后，必须进行项目验收。验收和奖励按照《政府民办教育专项资金项目验收办法》和《政府民办教育专项资金项目奖励办法》办理。

5.5.2 项目建设到期而未完成建设任务，且在截止日期之前不提出书面解释的，学校视为无法完成的项目，对项目给予冻结、调整或取消的处理，追究项目承担单位和项目负责人的责任，并延缓或冻结该单位后期建设经费的投入。

5.6 本办法由教务处负责解释

6. 相关文件

  6.1 实验实训项目数据库建设和实验室排课管理办法

  6.2 实验室达标创优工作标准

  6.3 政府民办教育专项资金项目验收标准

  6.4 政府民办教育专项资金项目奖励办法

7. 相关记录

  7.1 实验室基本建设立项申请书

  7.2 拟开设实验项目汇总表

  7.3 拟购仪器设备汇总表

  7.4 实验室基本建设项目二级单位论证会记录表

  7.5 实验室基本建设项目条件配套汇总表

  7.6 实验室基本建设项目专家评审表

8. 附件

  无。

| 编制日期 | | 审核日期 | | 批准日期 | |
|---|---|---|---|---|---|
| 修改标记 | | 修改处数 | | 修改日期 | |

## （五）教学事故管理办法

| 制度名称 | 教学事故管理办法 | 编号 | |
| --- | --- | --- | --- |
| | | 受控状态 | |
| 编制部门 | | | |

1. 目的

　　保证教学管理工作的科学性、规范性和严肃性，维护正常的教学秩序，预防教学工作中各种事故的发生，确保事故一旦发生能得到及时、严肃、妥善的处理。

2. 适用范围

　　适用于从事教学、教学管理、教学条件保障等岗位。

3. 定义

　　3.1 有下列情节之一者，认定为一般教学事故（三级）：

　　3.1.1 教学类

　　（1）除课程的特殊性而无需教材以外，因教师未及时预订或自编教材，使学生在开学第一周未得到教材；

　　（2）上课迟到超过5分钟或提前下课超过5分钟；

　　（3）未履行申请、批准手续，擅自停课、调课、请人代课或变更课程表安排的教学时间、地点；

　　（4）教师在教学活动中接听或拨打手机；随意离开教室或实验室；

　　（5）任课教师衣冠不整，如穿背心或拖鞋上课（必须穿背心或拖鞋上课的场合除外）；体育教师不按规定穿运动服上课；

　　（6）未按教学大纲实施教学过程，或任意增减课时，或未完成规定教学内容（含实践教学内容）；

　　（7）指导实验、实训、实习项目疏于管理，导致实践教学内容无法按计划完成，或导致学生实践教学过程中出现失误，造成不良影响；

　　（8）如无特殊情况，在对学生公布的辅导答疑时间内不到位，使学生空等；

　　（9）未按大纲要求布置作业，或对已布置的作业不批改或解答；

　　（10）在指导学生毕业设计（论文）过程中，未按要求履行指导职责，导致学生不能按时按质完成毕业设计（论文）任务，造成严重影响；

　　（11）由于组织管理不善，导致教学仪器设备损失价值在10000元以下；

　　（12）开考之前，监考教师未按规定时间到达考场；

　　（13）由于命题原因，或使考试受到影响，或使学生答题错误，普遍失分；或由于试题分量严重不足致使考试提前30分钟结束；

（续表）

（14）考试结束后无正当理由五个工作日内未报送成绩；
（15）其他对教学活动开展造成一般影响的事故。

3.1.2 教学管理类

（1）由于开课院（系、部）未在规定时间内向校教材管理岗位报送教材需求情况，导致开课一周后仍缺供教材20%以上，影响学生正常学习；
（2）由于校教材管理岗位未及时采购或由于非校外出版社原因，使学生在开学第一周内未得到教材，或讲义未及时印刷好；
（3）由于试卷装订缺页，致使部分学生考试受到影响；
（4）教学执行计划确定后，开课部门未及时向任课教师下发教学任务书；
（5）变动上课时间或上课地点，虽经开课部门同意，但开课部门教学秘书未及时报教务处备案；
（6）教师已事前请假，而受理部门未及时通知学生，使学生空等；
（7）因安排不当造成考试冲突，但未造成严重后果；
（8）因过失出具与事实不符的学历、学籍、成绩等证书；因过失错发毕业证书、学历证书等；
（9）拖延不报教学事故；
（10）其他对教学活动开展造成一般影响的事故。

3.1.3 教学条件保障类

（1）教学楼上课铃或下课铃不响，或在上课期间，教学区铃声或广播乱响，影响教学活动的正常进行；
（2）设备管理人员开学前对教学设施未认真检修而影响了教学工作的正常进行；
（3）未按时打开教室、实验室、实训室、机房，致使上课或开考推迟5分钟以内；
（4）实验仪器设备出现故障不报修，或维修人员不及时维修，影响教学工作的正常进行；
（5）实验室教学结束后，未及时切断有关的电源、水源、气源，未关好门窗；
（6）因排课、调课或教学调度通知失误，致使局部教学秩序受到影响；
（7）其他对教学活动开展造成一般影响的事故。

3.2 有下列情节之一者，认定为严重教学事故（二级）：

3.2.1 教学类

（1）上课迟到20分钟以上或提前下课20分钟以上；或旷课；
（2）擅自取消已安排的课程教学、实验、实习等教学活动；
（3）实习期间，带队教师擅自离开工作岗位三天以上（含三天），严重影响实习教学；
（4）因教师错误指导或擅离岗位，造成教学过程中学生受伤或学校财产严重受损；
（5）由于监考教师失职而严重影响考场秩序；
（6）监考过程中包庇各类违反考试纪律的行为；考试完毕收回的考卷与应收考卷不符；

（续表）

（7）考前因过失泄题或批卷擅自送分压分；

（8）考试结束后10个工作日内，阅卷教师未将学生考卷交学院（系、部）办公室归档；

（9）发生一般教学事故后，经批评教育仍不接受教训，再次导致一般教学事故发生的；

（10）无正当理由拒绝承担教学任务，或对教学任务敷衍塞责，妨碍正常教学；

（11）私自向学生收取讲义、资料费或强行推销教材；

（12）事先未通知主管部门，找人代替自己监考；

（13）教师未提前请假或请假未准而缺课、缺监考；

（14）其他对教学活动开展造成较大影响的事故。

3.2.2 教学管理类

（1）直至开学，开课单位尚未安排任课教师，致使教学活动"开天窗"；或因缺少教师，导致连续两年同一课程不能按计划开出；

（2）管理人员考试组织工作（含考场、监考人员安排）发生失误，影响考试正常进行；

（3）审查不认真，出具与事实严重不符的学历、学籍、成绩等各类证书、证明；

（4）其他对教学活动开展造成较大影响的事故。

3.2.3 教学条件保障类

（1）未按时打开教室、实验室、实训室、机房，推迟上课或开考20分钟以上；

（2）教学设备损坏，在已报修的情况下未及时进行修理，且未及时采取有效措施，影响教学活动的正常进行；

（3）人为原因造成停电，造成百人以上的同学中断上课、实验、实训；

（4）其他对教学活动开展造成较大影响的事故。

3.3 有下列情节之一者，认定为重大教学事故（一级）

3.3.1 教学类

（1）在教学活动中散布违反宪法的言论；或宣扬有悖社会公德的思想和内容；或进行宗教传播活动；或进行推销或传销等营利活动；

（2）辱骂学生情节严重，或体罚学生；

（3）怂恿、参与学生在教学活动中舞弊；

（4）故意泄露试题；

（5）因指导教师责任造成学生在教学活动中受到严重人身伤害，或造成重大财产损失；

（6）因监考教师不负责任，导致考场学生大面积作弊；

（7）其他对教学活动开展造成严重影响的事故。

3.3.2 教学管理类

（1）考试安排混乱，严重影响考试的正常秩序；

（2）私自修改任课教师上报的学生成绩；

（3）故意出具与事实严重违背的学历、学籍、成绩等各类证书证明；

（续表）

（4）故意将学位证书或毕业证书发给不应获得证书者；

（5）教学管理部门丢失学生原始成绩；

（6）对各类教学事故，有关部门未及时上报和处理，并造成严重后果；

（7）其他对教学活动开展造成严重影响的事故。

3.3.3 教学条件保障类

（1）由于管理不善，人为原因造成停电，影响市级以上的考试无法正常进行或被迫中止；

（2）在教学活动进行过程中学生突发疾病或受伤，责任部门在接到通知后不能及时积极组织抢救、治疗或转送校外医院，造成严重后果；

（3）其他对教学活动开展造成严重影响的事故。

3.4 由于特殊原因达到了教学事故等级，需按教学突发事件应急预案操作，则免于教学事故处理

适用范围：

（1）因恶劣天气、车辆故障、事故不可抗力导致的教师无法准时到校上课；

（2）无法预知因素导致教师的无法准时到校上课。

3.4.1 教学突发事件（个人）应急预案

因上述不可抗力及无法预知因素不能准时来校上课时，教师应按照下述步骤进行操作

（1）第一时间通知学院教学秘书和班级学生（班长、团支书），告知情况；

（2）教学秘书第一时间通知学院领导及辅导员，并向教务处备案；

（3）辅导员第一时间到教室，安排学生自习，稳定学生情绪，直到授课教师到岗；

（4）教师到校后应及时赶至教室，如果迟到时间过长（超过20分钟），应确定补课时间并于三个工作日内上报教务处，教务处组织检查。

如果教师确定因不可抗力及无法预知因素无法到校上课时，应按照下述步骤进行操作：

（1）第一时间通知学院教学秘书和班级学生（班长、团支书），取消当天课程；

（2）教学秘书第一时间通知学院领导及辅导员；

（3）辅导员做好解释工作；

（4）教师三个工作日内确定补课时间上报教务处，教务处组织检查。

3.4.2 教学突发事件（集体）应急预案

若发生学校班车堵车，校车不能按时到校的情况。应按如下流程操作：

（1）驾驶员第一时间告知乘车教师：班车预计要迟到，以及预计迟到多长时间，请各位教师与自己的学生班长、课代表联系，同时向车队长报告情况；

（2）车队长向教务处反馈信息，教务处备案并随时监控教学楼状况；

（3）教师应在第一时间通知学院教学秘书和班级学生（班长、团支书），告知情况；

（4）教学秘书第一时间通知学院领导及辅导员，并向教务处备案；

（5）辅导员第一时间到教室，安排学生自习，稳定学生情绪，直到授课教师到岗；

（续表）

（6）教师到校后应及时赶至教室，如果迟到时间过长（超过20分钟），应确定补课时间并于三个工作日内上报教务处，教务处组织检查。

4. 职责

4.1 事故责任人、发现人、知情人

教学事故发生后，及时向所在单位或教务处反映情况。

4.2 事故所在二级学院或部门

接到教学事故报告后，尽快责成相关人员采取有效的补救措施，防止事态发展，采取放任态度造成严重后果者，将追究有关人员相应的责任；事故责任人所在学院（部门）对事故进行调查核实并填写教学事故单学院上报单，进行情况认定和定性，学院内部协商并提出处理意见，上报教务处。

4.3 教务处

接到教学事故报告后，尽快会同相关部门负责人进行调查核实和认定，并填写教学事故单学院上报单，经教务处处长、主管教学副校长审批后，交人事处处理。

4.4 人事组织处

教学事故认定后，参照教务处教学事故认定通知单，依据《教师评价考核管理办法》（SJQU-WI-RS-002）做出相应处理。

5. 管理内容

5.1 教学事故发生后，事故责任人、发现人、知情人及时向所在单位或教务处反映情况。

5.2 事故责任人所在学院（部门）对事故进行调查核实并填写教学事故单学院上报单。

5.3 相关学院或部门在三天内依据教学事故有关规定对事故情节提出处理意见，并将教学事故单学院上报单送教务处。

5.4 教务处组织相关人员进行核实和认定，并填写教学事故单学院上报单。

5.5 由教务处处长、主管教学副校长审批后，交人事处处理。10天内，在全校范围内予以公布，相关材料一份交人事组织处存档，一份返还给学院，一份存档教务处。

6. 相关文件

教师评价考核管理办法

7. 相关记录

教学事故学院上报单

| 编制日期 | | 审核日期 | | 批准日期 | |
|---|---|---|---|---|---|
| 修改标记 | | 修改处数 | | 修改日期 | |

## （六）对外交流计划申报与审批办法

| 制度名称 | 对外交流计划申报与审批办法 | 编号 | |
|---|---|---|---|
| | | 受控状态 | |
| 编制部门 | | | |

1. 目的

有序有效地开展国际合作与交流，更好地服务学校发展，杜绝涉外事故的发生。

2. 适用范围

适用于全校范围。凡因工作需要，以学校名义，由学校组织开展的各级各类出国（境）交流合作事项，应根据本管理办法组织实施。

3. 定义

无。

4. 职责

4.1 对外交流办公室：负责对外交流项目的统筹及协调管理，包括对项目执行的全程跟进、国（境）外合作单位的资质认定、与上级职能部门对口联系，与国（境）外合作单位联络，指导和协助师生办理出国来华手续等。

4.2 教务处：负责对外交流项目学生的相关教务管理工作。

4.3 学生处：负责对外交流项目学生的事务管理工作。

4.4 财务处：负责对外交流项目学生的经费统筹管理工作。

4.5 学院：主要负责派出学生、带队教师遴选推荐，执行培养计划，课程选修及学分转换的初步审定，派出学生在国（境）外期间的具体联系等。

4.6 校长办公会审议通过年度对外交流计划和重大国际交流项目或活动。

4.7 教师参加国（境）外访学项目请参照人事处制定的《教师国外访学进修计划实施办法》执行。

5. 管理内容

5.1 对外交流办公室于每年11月启动下一自然年的对外交流计划申报工作，各学院、部门根据通知要求进行申报，并填写各二级单位对外交流计划申报表（教师）、各二级单位对外交流计划申报表（学生）、各二级单位对外交流计划汇总表（教师）、各二级单位对外交流计划汇总表（学生）四份表格。

5.2 教务处负责对外交流项目学生的相关教务管理工作，包括学籍管理、培养计划制定、学分认定及最终审定等工作。

5.3 学生处负责协助办理交流学生出国（境）离校前后的相关手续。对参加长期交流项

（续表）

目的学生，协助办理出国（境）学习手续；对参加短期交流项目的学生，协助办理请假手续，并协调安排短期交流学生的校内住宿，协调相关学院做好交流学生的具体管理工作。

5.4 财务处负责办理交流学生国（境）外学习期间相关费用手续。

5.5 各学院以具体的项目要求为依据，制定学生和带队教师遴选标准，执行培养计划，课程选修及学分转换初步审定工作，派专职教师负责派出学生在国（境）外期间的具体联系等。

5.6 对外交流办公室负责汇总各学院、部门申报材料，提交校长办公会讨论确定后通知各学院、部门参照执行。

5.7 学校原则上不组织计划外的出国（境）交流合作项目，确因工作需要的临时性出国（境）交流事项须经校长办公会批准，方可组织实施。

5.8 校级领导出访计划由对外交流办公室制定，经校长办公会讨论批准后执行。属国家工作人员身份的校领导出国须符合国家相关规定。

6. 相关文件

无。

7. 相关记录

7.1 各二级单位对外交流计划申报表（教师）

7.2 各二级单位对外交流计划申报表（学生）

7.3 各二级单位对外交流计划汇总表（教师）

7.4 各二级单位对外交流计划汇总表（学生）

8. 附件

无。

| 编制日期 | | 审核日期 | | 批准日期 | |
|---|---|---|---|---|---|
| 修改标记 | | 修改处数 | | 修改日期 | |

## （七）印章管理办法

| 制度名称 | 印章管理办法 | 编号 | |
|---|---|---|---|
| | | 受控状态 | |
| 编制部门 | | | |

1. 目的

保证学校各项工作的正常开展和维护印章使用的严肃性。

2. 适用范围

全校各印章持有单位和印章使用人。

3. 定义

3.1 学校印章是指学校各项管理活动中行使职权的重要凭证和工具。包括"上海建桥学院"印章和钢印，"中共上海建桥学院委员会"印章，校领导签名章，上海建桥学院办公室印章，中共上海建桥学院委员会办公室印章，学术委员会、学位评定委员会等校级委员会和其他它校级机构印章与专用章等。

3.2 二级单位印章主要是指冠有"上海建桥学院"校名字样的各类机构印章。

3.3 其他印章是指除上述定义外的其他与学校工作有关的印章，不含代字章。

4. 职责

4.1 学校印章由校长（党委）办公室管理。

4.2 各单位印章由各单位分别保管，主要负责人为第一责任人。

4.3 可指定政治上可靠，有高度组织性、纪律性的人员具体负责印章的日常保管，名单要报学校办公室备案。

4.4 各二级单位内设有办公室的，印章一般由办公室管理。

5. 管理内容

5.1 日常管理

5.1.1 使用印章必须严格审核，用印前必须按各级用印负责人的审批意见，审查用印文件的内容、格式、数量，确认无误后方可用印。

5.1.2 印章保管人必须亲自用印，印章一般应盖在文件、公函落款的机关名称和发文日期上，做到端正清晰。用印材料（表单项目）内容填写不全，不得盖章。印章不得盖在空白之处，盖印后要保存好用印依据。

5.1.3 印章原则不能携带外出，若确需携带须经负责人授权。印章保管人不得随意放置印章，不在时必须把印章置于带锁的橱柜中并锁好。

5.1.4 用印时间为工作日正常上班时间。寒暑假期间用印时间为预先公布的指定或值班

（续表）

时间。国家法定节假日、双休日需提前进行用印申请。

5.2 使用范围及程序

5.2.1 "上海建桥学院"和"中共上海建桥学院委员会"印章。

5.2.1.1 以学校行政及党委名义印发的各类公文；以学校名义对外报送的各类报表、材料、合同；新生录取通知书、学生证、学生毕业证书、学位证书（含复印件），以及有关学历证明、毕业证明书等材料；各类聘书，各类奖状和荣誉证书等；其他需要用印的情况等。

5.2.1.2 原则上须经学校领导批准，方可使用行政公章；经党委书记、副书记批准，方可使用党委公章。

5.2.1.3 印发学校行政公文凭校长、副校长在发文稿纸上的签发意见，印发学校党委公文凭党委书记或副书记在发文稿纸上的签发意见，方可用印。

5.2.1.4 以学校名义对外报送的各类报表、材料，须由经办人填写"用章审批单"，部门负责人签署意见，经主管校领导审定签字后，方可用印。报出材料同时须复印一份交学校办公室存档。

5.2.1.5 学生毕业证书、学位证书、高等学校毕业登记表等根据职责范围，须由相关单位统一编号造册（并附名单），处（院）长审核签字，校长或主管校领导签字批准，方可用印。

5.2.1.6 学生学籍、学历证明、成绩单、毕业证明书等，一般加盖开具部门印章即可，如确需使用学校印章的，由教务处负责人审核并签字，主管校领导审批后，方可用印。

5.2.1.7 毕业证书、学位证书翻译件，由教务处、继续教育学院负责人根据模版审核并签字，主管校领导审批后，方可用印。

5.2.1.8 涉及外文翻译件，须由对外交流办公室负责人审核签字，主管校领导审批，方可用印。

5.2.1.9 各类校级奖状和荣誉证书，凭学校正式下发的文件或校长办公会、党委会审核通过后方可用印。授予学校兼职、名誉教授、顾问等聘书，须凭学校正式下发的文件或校长办公会、党委会审核通过，经人事处负责人审核备案并签字，主管校领导审批后，方可用印。

5.2.1.10 学校科技类合同、科技项目申请等相关材料，须由申请人所在单位、部门负责人初审并签字后，由科研处负责人复核并签字，经主管校领导审批后，方可用印。

5.2.1.11 学生证办理，须由学生处负责人审核并签字，经主管校领导审批后，由各学院按照规定的时间，批量办理用印事宜。补办学生证用印，还需凭财务处开具的缴费收据。

5.2.1.12 涉及证明教职员工个人信息等事宜，由人事处负责人审核并签字，经主管校领导审批后，办理用印事宜。

5.2.1.13 学校各单位（部门）需要用印的，由单位（部门）负责人审核签字，经主管（联系）校领导审批后，方可用印。

（续表）

5.2.1.14 学校教职工、学生个人需要用印的，分别由相关职能部门、院（系）负责人审核并签字，经主管（联系）校领导审批后，方可用印。

5.2.1.15 以上所有用印须经过校办公室审核并进行登记备案。

5.2.2 学校钢印的使用

学校钢印仅限于加盖在本校纸质工作证、学生证、退休证、各类毕业证书、肄业证书、结业证书、学位证书等有关证件使用，用印程序同学校行政公章。

5.2.3 校领导签名章的使用

5.2.3.1 校领导签名章属公务印章，按学校印章有关规定使用。

5.2.3.2 校领导交校办公室保管的私人公务印章，除已经其本人授权或会签的文件外，临时用印须征得其本人同意。

5.2.4 上海建桥学院办公室、党委办公室印章的使用

5.2.4.1 以校办公室、党委办公室名义印发的各类公文、信函，除经校领导签发以外，其他用印须经校长（党委）办公室主任签发后用印。

5.2.4.2 由校办公室、党委办公室出具的证明、申请报告等，经校长（党委）办公室主任签字后用印。

5.2.5 二级单位印章的使用

5.2.5.1 各二级学院、各部门印章的使用参照以上办法执行。

5.2.5.2 未经学校授权，各二级单位公章对外不具有法律效力，只能在本单位的职责范围内使用。

5.3 印章的刻制、启用及废止

5.3.1 印章的刻制

5.3.1.1 校印章由上级主管部门刻制（或经上级主管部门同意，由学校办公室按规定刻制）。

5.3.1.2 各二级单位印章由学校办公室根据学校机构设置的有关文件，办理刻制手续，到公安机关指定部门刻制。

5.3.1.3 各二级单位下属科室原则上不刻制公章。确因工作需要，由本单位、本部门提出书面申请，经分管校领导审核、校长审批后，由学校办公室办理刻制手续，到公安机关指定部门刻制。

5.3.2 印章的启用

印章刻制后由学校办公室验收并留下印模，经正式行文公布后方可使用。如更换印章，须将原印章缴回学校办公室封存或销毁。

5.3.3 印章的废止

因学校机构设置、职能变动等原因而变更或废止的印章，由原部门负责人按照相关程序及时将印章交回学校办公室。

（续表）

| | | | | | |
|---|---|---|---|---|---|
| 5.4 其他要求 | | | | | |

5.4.1 印章保管人不按规定用印，或因管理不善造成印章损失的，均属工作失职行为，可追究当事人和第一责任人的责任。造成学校重大损失的，按责任事故处理并追究当事人和第一责任人的行政责任和经济责任。对未经学校批准私刻公章并造成影响的，还将追求其法律责任。

5.4.2 领导出差或其他特殊情况下用印，须由单位负责人签署意见，校办公室主任在请示相关校领导批准后，方可办理。

5.4.3 学校办公室原则上不提供印章的电子版。如特殊情况确需提供，须由申请人所在单位、部门负责人初审并签字后，经主管（联系）校领导审批，报学校主要负责人批准。

5.4.4 各二级单位根据实际情况分别制定相应的印章管理规定。学校办公室负责对各二级单位的印章管理和使用情况进行检查。

6. 相关文件

　　6.1 《民办非企业单位印章管理规定》（民政部、公安部令第 20 号）

　　6.2 《社会力量办学印章管理暂行规定》（国家教育委员会、公安部令第 17 号）

7. 相关记录

　　7.1 印章使用申请表

　　7.2 印章外带审批表

　　7.3 印章刻制申请表

　　7.4 印章启用通知书

　　7.5 印章移交记录表

8. 附件

　　无。

| 编制日期 | | 审核日期 | | 批准日期 | |
|---|---|---|---|---|---|
| 修改标记 | | 修改处数 | | 修改日期 | |

## （八）采购管理程序

| 制度名称 | 采购管理程序 | 编号 | |
|---|---|---|---|
| | | 受控状态 | |
| 编制部门 | | | |

1. 目的

本程序定义了对采购过程及供应商控制，确保所采购的物资和服务符合规定要求。

2. 适用范围

适用于对学校所需的物资采购、外包过程及供应商提供服务的控制。教学服务外包根据《教学服务外包管理办法》执行，不适应于本程序。

3. 定义

A类物资和外包方：学校工程、食堂等相关外包商、主要教学设备等。

B类物资：教材、图书、实验室耗材、教学设备主要备品备件等。

C类物资：劳保用品、日常办公用品、一般耗材等。

4. 职责

4.1 资产管理处负责建立供应商档案，按照采购流程进行采购。

4.2 各部门负责教学及教辅相关部门的物资的申请和领用。

4.3 各部门及资产管理处对采购物品进行检验和验证。

4.4 学校分管副校长对物资集中采购进行统筹协调，宏观监控。

5. 管理内容

5.1 采购物资的分类

资产管理处对学校采购物资对学生培养影响的重要程度，分为A、B、C类；具体见定义。

5.2 供应商选择

A、B类的物资采购和供方选择应根据《合格供应商名录》，如无法从现有的合格供方中找到合适的，应根据依照"供应商管理程序"重新评价选择合格供方。

关于专项资金的使用参照《民办教育政府扶持专项资金采购管理办法》执行。

C类物资，按照《办公用品购领管理办法》执行。

5.3 采购需求提出

各部门根据需求，结合预算，填写"设备申购表"，经审批后转至资产管理处执行。

5.4 采购实施

5.4.1 合理安排采购方式，确保采购质量，做到服务耐心、价格合理，努力降低成本，严禁供应质次价高的物资。

（续表）

5.4.2 把握采购进度，确保物资按照要求到货时间供应到位，因市场缺货或其他客观因素不能按时到货，供应处应主动与申购部门取得联系，并说明情况。

5.4.3 自行采购零星、急用或专业性较强的低值易耗品（含实验、实训耗材），须经供应处同意后方可实施，并及时到供应处办理入库手续，否则财务处不予报销相关费用。

5.5 送检及入库

5.5.1 验收与入库。物资验收入库应多人参与，各尽其责。验收人员原则上由需求部门、资产管理处、供应处等部门相关人员组成，必要时，也可邀请有关技术人员来协助验收。多方验收合格后，仓库保管员填写"入库单"，办理入库手续。

5.5.2 检验后的物资依照"不合格管理程序"的相关内容处理。涉及退回的物资，资产管理处应于出示判定结论一个月内完成退货工作。

5.5.3 已经办理入库的物资如在使用中或其他原因发现不合格现象，按照"不合格管理程序"的相关内容执行。

5.5.4 不合格物资由资产管理处在物资质保规定日期内与供应商确认更换，一般10个工作日内完成，如因缺货等特殊原因无法更换，由资产管理处组织物资使用部门和供应商协商解决方案。具体内容在采购合同中体现。

5.5.5 设备、配件到货后，由资产管理处与申购部门根据申购单信息履行收货手续，并按照《设备家具管理办法》进行管理。

5.5.6 劳保用品到货后通知各归口部门领用。

5.6 财务管理

5.6.1 采购资金应遵守学校财务的有关规章制度，由财务处统一管理。

5.6.2 采购付款和报销必须凭有效发票和"入库单"（大型仪器设备还需凭"付款审核表"），经供应处主管签字，财务总监审批后，到学校财务处办理。原则上1000元以上的货款通过银行转账结算。

5.6.3 供应处根据采购实际需要配备一定的备用金。备用金金额经学校分管副校长审批后，由财务处办理暂支、备案手续。备用金仅作采购周转资金专用，由供应处保管。

5.7 监督机制

5.7.1 学校实行物资集中采购供应的同时，应建立有效的监督机制，增加采购供应行为过程的透明度和廉洁度。

5.7.2 内部监控机制：供应处通过建立健全内部管理制度，不断规范采购供应行为，提高采购供应效率和效益；通过建立责任制，严格业绩考核，杜绝和防范各种弊端，调动相关人员的工作积极性。

5.7.3 用户监督机制：各使用部门有权对供应处所供物资质量、价格进行咨询和调查，并向有关部门进行投诉。

5.7.4 上级监督机制：供应处上级领导对供应处的采购供应程序、管理状况、服务态度

（续表）

| | | | | | | |
|---|---|---|---|---|---|---|
等采取定期检查与临时抽查相结合的办法进行考核，并建立科学的比价定位，对采购价和供应价进行监控。供应处上级领导随时接受群众投诉，核实后提出处理方案，限期整改。

6. 相关文件

    6.1《办公用品购领管理办法》

    6.2《民办教育政府扶持专项资金采购管理办法》

    6.3 供应商管理程序

    6.4 不合格管理程序

    6.5《设备家具管理办法》

    6.6《教学服务外包管理办法》

7. 相关记录

    7.1 设备申购表

    7.2 入库单

    7.3 付款审核表

| 编制日期 | | 审核日期 | | 批准日期 | |
|---|---|---|---|---|---|
| 修改标记 | | 修改处数 | | 修改日期 | |

## 二、相关表单

### （一）上海市普通高等学校家庭经济困难学生认定申请表

**上海市普通高等学校家庭经济困难学生认定申请表**

学校：_____ 院系：_____ 专业：_____ 年级：_____ 班级：_____

| 基本情况 | 姓名 | | 性别 | | 出生年月 | | 籍贯 | |
|---|---|---|---|---|---|---|---|---|
| | 身份证号码 | | 家庭人口 | | 手机号码 | | | |
| 家庭通讯信息 | 通讯地址 | | | | | | | |
| | 邮政编码 | | | | 家长手机号码 | | | |
| 家庭成员情况 | 姓名 | 年龄 | 与学生关系 | 工作（学习）单位 | | 职业 | 年收入（元） | 健康状况 |
| | | | | | | | | |
| | | | | | | | | |
| | | | | | | | | |
| | | | | | | | | |
| | | | | | | | | |
| 特殊群体类型 | 建档立卡贫困家庭学生：□是 □否；（扶贫部门认定）<br>城乡低保家庭学生：□是 □否；特困供养学生：□是 □否；低收入困难家庭学生：□是 □否<br>孤残学生：□是 □否（民政部门认定）<br>烈士子女：□是 □否（退役军人事务部门认定）<br>残疾学生：□是 □否 残疾人子女：□是 □否 | | | | | | | |
| 影响家庭经济状况有关信息 | 家庭人均年收入_____元。<br>家庭遭受自然灾害情况：_____。家庭遭受突发意外事件：_____。<br>家庭成员因残疾、年迈而劳动能力弱情况：_____。<br>家庭成员失业情况：_____。家庭欠债情况：_____。<br>其他情况：_____。 | | | | | | | |

（续表）

| 个人承诺 | 承诺内容：（手写如下：）"本人承诺以上所填写资料真实，如有虚假，愿承担相应责任。" | | | 学生本人签字 | |
|---|---|---|---|---|---|
| 民主评议 | 推荐档次 | A. 家庭经济一般困难□ | 陈述理由： | 评议小组组长签字：<br><br>_____年__月__日 | |
| | | B. 家庭经济比较困难□ | | | |
| | | C. 家庭经济特别困难□ | | | |
| | | D. 家庭经济不困难□ | | | |
| 认定意见 | 院（系）意见 | 经评议小组推荐、本院（系）认真审核，<br>□同意评议小组意见。<br>□不同意评议小组意见。调整为：<br><br>_____。<br><br>工作组组长签字：<br><br>_____年__月__日 | | 学生资助管理机构意见 | 经院（系）提请，本部门认真核实，<br>□同意工作组意见。<br>□不同意工作组意见。调整为：<br><br>_____。<br><br>负责人签字：<br><br>_____年__月__日 |
| | 校长签字（章）：<br><br>_____年__月__日<br><br>（加盖学校公章） | | | | |

备注

1. 本表用于家庭经济困难学生认定和申请国家助学贷款用，可复印。
2. 学校、院系、专业、年级、班级可根据实际情况选择性填写。
3. 承诺内容需本人手工填写"本人承诺以上所填写资料真实，如有虚假，愿承担相应责任。

请勾选你所提交的佐证材料：（在序号上打"√"）

| 1 | 低保凭证复印件 | 7 | 烈士相关凭证 |
| 2 | 低收入凭证复印件（仅针对上海生源） | 8 | 父母有1—2级伤残或完全丧失劳动能力的证明 |
| 3 | 特困供养人员凭证复印件 | 9 | 有兄弟姐妹在接受非义务教育阶段（小学、初中除外）教育的凭证（学生证复印件等） |
| 4 | 建档立卡凭证复印件 | 10 | 两年内有直系亲属产生大额医疗支出（自费）的医疗诊断书和医疗支出发票的复印件（金额要清晰可见） |
| 5 | 残疾证复印件（限本人或父母） | 11 | 家庭受灾情况或遭遇非以上所述的其他重大变故的描述，并附相关证明材料 |
| 6 | 孤儿凭证（家庭户口本父母销户页、父母死亡证明等） | 12 | 其他，请简要说明： |

## （二）学费减免申请表

**学费减免申请表**

| 姓名 | | 民族 | | 籍贯 | | 专业 | |
|---|---|---|---|---|---|---|---|
| 身份证号 | | | | 政治面貌 | | 学号 | |
| 本人手机 | | | 家庭电话 | | 欠费总额 | | |
| 家庭地址 | | | | | 入学前户籍性质 | | □城镇<br>□农村 |
| 家庭类型 | □健全　□单亲　□离异　□重病　□残疾<br>□建档立卡贫困户　□低保家庭 | | | | 家庭人口 | | |
| **家庭人口状况** | | | | | | | |
| 与学生关系 | 姓名 | | 工作单位 | | 月收入 | | 健康状况 |
| 父亲 | | | | | | | |
| 母亲 | | | | | | | |
| 其他 | | | | | | | |
| **家庭经济困难说明** | | | | | | | |
| 该生家庭人均月收入： | | | | 在当地受助情况： | | | |
| 家庭遭受自然灾害或突发事件情况： | | | | | | | |
| 其他特别困难的情况： | | | | | | | |
| 对照减免各等级的条件，本人拟申请减免等级为： | | | | | | | |
| <br><br><br><br><br><br>　　　　　　　　　　　　　　　　　　　　　　　　　　年　　月　　日 | | | | | | | |
| 请在你已经申请或参加的学院扶贫帮困项目前打"√" | | | | | | | |
| 1.□申请国家助学贷款 | | | 2.□参加校内外勤工助学 | | | 3.□获国家助学金 | |
| 4.□获国家励志奖学金 | | | 5.□获学校奖学金 | | | 6.□获其他补助 | |

（续表）

| 申请理由 | （本表空间有限，可另附纸张详细叙述） |
|---|---|
|  |  |

| 辅导员意见： | 院系意见： | 学生处意见： |
|---|---|---|
| 建议该生减免等级为： | 建议该生减免等级为： | 同意该生减免等级为： |
| 签字：＿＿＿＿＿ | 签字：＿＿＿＿＿ | 签字：＿＿＿＿＿ |

## （三）教师更正学生成绩审核表

**教师更正学生成绩审核表**

| 更正课程： | | | | | | 课程代码： | | | | | |
|---|---|---|---|---|---|---|---|---|---|---|---|
| 申请教师： | | | | | | 申请日期： | | | | | |
| 简要理由： | | | | | | | | | | | |
| 序号 | 班级简称 | 学生姓名 | 学号 | 期中 | % | 平时 | % | 期末 | % | 总评 | |
| 1 | | | | | | | | | | | |
| 2 | | | | | | | | | | | |
| 3 | | | | | | | | | | | |
| 4 | | | | | | | | | | | |
| 5 | | | | | | | | | | | |
| 6 | | | | | | | | | | | |
| 7 | | | | | | | | | | | |
| 8 | | | | | | | | | | | |
| 9 | | | | | | | | | | | |
| 10 | | | | | | | | | | | |
| 11 | | | | | | | | | | | |
| 12 | | | | | | | | | | | |
| 13 | | | | | | | | | | | |
| 14 | | | | | | | | | | | |
| 15 | | | | | | | | | | | |
| 16 | | | | | | | | | | | |
| 17 | | | | | | | | | | | |
| 18 | | | | | | | | | | | |
| 19 | | | | | | | | | | | |
| 20 | | | | | | | | | | | |
| 注：请将正确成绩填入上述相应的空格内。尚未总评时，无须填写"%"格。 | | | | | | | | | | | |
| 学院意见： | | | | | | 教务处意见： | | | | | |

## （四）教学事故学院上报单

**教学事故学院上报单**

| 院（系）部 | | 事故责任人 | |
|---|---|---|---|
| 情况描述<br>（学院填写） | 依据《教学事故管理办法》（SJQU-QR-JW-301）中<br>"_____<br>_____"等条款的规定，认定为_____级教学事故。 ||||
| 有无特殊<br>情况说明<br>（学院填写） ||||
| 事故责任人<br>（签名） | 年　　月　　日 ||||
| 院（系）部<br>处理意见 | 院（系）部负责人（签名）_____　　年　　月　　日 ||||
| 教务处<br>处理意见 | 处长（签名）（签名）_____　　年　　月　　日 ||||
| 学校<br>处理意见 | 主管校长（签名）（签名）_____　　年　　月　　日 ||||

注：本登记表一式三份，一份存教务处并按要求归档，另两份存责任人所在部门及人事处。

## (五)实验室基本建设项目专家评审表

### 实验室基本建设项目专家评审表

( 　　年度 )

| 项目名称 | | | | |
|---|---|---|---|---|
| 评审内容 | 评分依据 | 标准分值 | 赋分勾选 | 评审意见 |
| 1.项目申报书填写情况（满分10分） | 1.申报书相关内容按要求填写完整,支撑材料齐全等 | 10 | | |
| | 2.申报书填写内容较为完整,支撑材料基本齐全等 | 5 | | |
| | 3.申报书填写内容不完整,支撑材料不齐全等 | 0 | | |
| 2.项目建设的必要性与可行性（满分20分） | 1.项目建设的意义认识清晰,现状分析到位,论述充分,基础建设条件准备完善,对实验室安全进行了前期评估,校内无重复建设等 | 20 | | |
| | 2.项目建设的意义认识比较清晰,现状分析部分到位,论述尚可,基础建设条件做了部分准备,对实验室安全进行了考虑,但未做前期评估,校内有少量重复设施等 | 10 | | |
| | 3.项目建设的意义认识不清,现状分析不明,论述含糊,不具备基本基础建设条件,实验室安全未做考虑,校内有重复设施等 | 0 | | |
| 3.建设内容及建设目标（满分30分） | 1.项目建设方案内容符合相关人才培养目标要求,满足专业建设基本需求,建设目标明确、合理,建设成果可预期等 | 30 | | |
| | 2.项目建设方案内容较为符合相关人才培养目标要求,部分满足专业建设基本要求,建设目标一般,部分合理,建设成果预期尚可等 | 15 | | |
| | 3.项目建设方案内容不符合相关人才培养目标要求,无法满足专业建设基本要求,建设目标不清晰,不合理,建成果无法预期等 | 0 | | |

（续表）

| 评审内容 | 评分依据 | 标准分值 | 赋分勾选 | 评审意见 |
|---|---|---|---|---|
| 4. 经费预算（满分20分） | 1. 项目所需各项经费的预算合理，可执行等 | 20 | | |
| | 2. 项目所需各项经费的预算较为合理，执行尚可等 | 10 | | |
| | 3. 项目所需各项经费的预算不合理，无法执行等 | 0 | | |
| 5. 项目建设预期效益（满分20分） | 1. 项目建设预期学生受益面大，能满足第一、二课堂需要，预期使用率达80%以上，具有积极的影响 | 20 | | |
| | 2. 项目建设预期学生受益面较大，满足第一课堂需要，预期使用率达60%以上，具有一定的影响 | 10 | | |
| | 3. 项目建设预期学生受益面不大，仅满足部分第一课堂需要，预期使用率低于50%等 | 0 | | |
| 总分（满分100分） | | | | |

其他建议：

评审结果建议：□可以立项　　□暂缓立项　　□不立项

评审专家签名：

年　　月　　日

## （六）学生转专业申请表

### 学生转专业申请表

| 姓名 | | 性别 | | 学号 | | 原班级 | |
|---|---|---|---|---|---|---|---|
| 申请转入专业 | | | | | | 联系电话 | |
| 附件：本人申请书 ||||||||
| 申请原因 | □大一新生<br>第一学年德育名次：<br>第一学年必修课未取得学分的课程数是：<br>第一学年按平均学分绩点在本专业类别内排名为： |||||||
| | □特长生<br>学生取得的成绩或具有的潜质： |||||||
| | □参军退伍<br>□特殊原因：＿＿＿＿＿＿＿＿＿＿＿＿＿＿<br>入学以来未取得学分的课程及学分数：<br>入学以来平均学分绩点为： |||||||
| | 体育成绩：合格（    ）    不合格（    ）<br>　　　　　　　　　　　　　　　　　　　　辅导员签名：<br>　　　　　　　　　　　　　　　　　　　　日期： |||||||
| 面试成绩 | | 测试成绩 | | | | 总分 | |
| | | 测试成绩 | | | | | |
| 原专业所在学院意见：<br><br><br>教学院长签名：<br>（学院盖章）<br>日期： | | | | 申请转入专业所在学院意见：<br><br><br>教学院长签名：<br>（学院盖章）<br>日期： ||||
| 教务处意见：<br><br><br>签名：<br>日期： | | | | 财务处备案：<br><br><br>签名：<br>日期： ||||
| 学籍管理人员操作记载：<br><br>　　　　　　　　　　　　　　　　　　　　　　签名：　　　日期： ||||||||

### （七）人员录用登记审核表

#### 人员录用登记审核表

| 个人基本情况 | | | | | | | | | | | |
|---|---|---|---|---|---|---|---|---|---|---|---|
| 姓名 | | 性别 | | 出生年月 | | 婚育情况 | | 政治面貌 | | | |
| 最高学历 | | 最高学位 | | 毕业学校 | | 毕业专业 | | | | | |
| 原工作单位 | | | | 职称 | | 现职状况 | 在职 | 应届 | 退休 | 内退 | 其他 |
| 引进基本情况 | | | | | | | | | | | |
| 部门 | | | | 拟聘岗位 | | | | | | | |
| 可承担的专业课程（专职教师） | 1. | | | 面试组成员 | | 是否通过 | | | | | |
| | 2. | | | | | | | | | | |
| 面试情况 | 面试组负责人签字：<br>　　　年　月　日 | | | 1 | | | | | | | |
| | | | | 2 | | | | | | | |
| | | | | 3 | | | | | | | |
| 部门领导意见 | 主任签名：<br>（部门盖章）年　月　日 | | | | | | | | | | |
| 试讲情况 | 评议小组组长签字：<br>　　　年　月　日 | | | 考评组成员 | | 是否通过 | | | | | |
| | | | | 1 | | | | | | | |
| | | | | 2 | | | | | | | |
| | | | | 3 | | | | | | | |
| 进校聘用情况 | 到岗时间 | | 合同期 | | 试用期工资 | | | | | | |
| | | | 试用期 | | 转正工资 | | | | | | |
| 人事处意见 | 签名：<br>　　　年　月　日 | | | | | | | | | | |
| 分管校长意见 | 签名：<br>　　　年　月　日 | | | | | | | | | | |
| 校长审批意见 | 签名：<br>　　　年　月　日 | | | | | | | | | | |

## （八）申报专业技术职务人员思想品德表现情况表

**申报专业技术职务人员思想品德表现情况表**

| 姓名 | | 学院（部门） | | | 学历 | |
|---|---|---|---|---|---|---|
| 出生年月 | | 工号 | | 进校时间 | 学位 | |
| 现任岗位 | | 现任专业技术职务 | | 拟任专业技术职务 | | |
| 思想品德表现情况 | | | | | | |
| 在践行立德树人方面做了哪些工作？比如如何利用课程思政、专业导师、第二课堂等载体来落实立德树人的根本任务？ | | 课程思政建设情况 | | | | |
| | | 是否担任过班导师？担任的时间、班级及开展活动情况及取得的成效？ | | | | |

（续表）

| | 是否开展过第二课堂活动？开展活动情况及取得的成效 | |
|---|---|---|
| 在践行立德树人方面做了哪些工作？比如如何利用课程思政、专业导师、第二课堂等载体来落实立德树人的根本任务？ | 其他育人工作： | |
| 所在党委（党总支）审核意见 | 党委（党总支）书记签名：　　　　　　　　　　盖章<br><br>　　　　　　　　　　　　　　　　　　年　月　日 | |

(九)合同审查意见书

## 合同审查意见书

合同编号：

| 送审合同的名称 | |  | | |
|---|---|---|---|---|
| 送审合同的关键内容 | | | | |
| 是否涉及付款 | □付款　□收款<br>□不涉及收付款 | | 合同总金额 | |
| 送审单位 | | 经办人 | | 送审时间 |
| 送审单位的意见 | 责任人签字： | | | |
| 相关部门的会签意见 | | | | |
| 法务意见 | | | | |
| 学校领导的意见 | | 财务总监的意见 | | |
| 合同执行情况或备注 | □已签订<br>□未签订<br>□其他情况 | | | |

注：(1)凡涉采购(含购买软件、服务等)付款事由的，应当先进行申购，以资产处或财务处的会签为依据，未经申购直接递交的表格无效；(2)本表及正式签订盖章后的合同原件应交给校办法务部门存档备查。

## （十）教师出国（境）申请表

### 教师出国（境）申请表

所在系（院、所）：

| 姓名 | | 性别 | | 工号 | | 职称 | | 职务 | | 照片 |
|---|---|---|---|---|---|---|---|---|---|---|
| 出生日期 | | 身份证号 | | 党派 | | 出生地 | | 户口所在地 | | |
| 护照号码 | | 有效期限 | | 存放何处 | | 本年度第___次出访 | | 学历 | | |
| 联系电话 | | E-mail | | 家庭住址 | | | | 外语语种 | | |

| 出访内容 | □学术会议　□学术交流　□合作研究　□参加比赛　□参加展会　□工作访问<br>□短期讲学　□工作派遣　□科学考察　□CSC全额　□进修　□培训<br>□境外政府（机构）奖学金项目　□校高级研究学者　□其他 |||||
|---|---|---|---|---|---|
| 出访国家或地区 | 1.<br>2.<br>3. | 出访期限 | 年　月　日至<br>年　月　日<br>年　月　日至<br>年　月　日<br>年　月　日至<br>年　月　日 | 邀请单位名称 | 请填写邀请单位中文名称 |
| | | | | 邀请人信息 | 包含邀请人姓名，职务，地址及联系方式 |

| 出访单位<br><br>出资费用 | 校内经费 || 校外经费 |||
|---|---|---|---|---|---|
| | 单位经费 | 科研经费 | 邀请方 | 境外其他单位 | 自理 |
| | 项目名称： | 项目名称： | | | |
| 国际旅费 | | | | | |
| 境外住宿费 | | | | | |
| 境外餐费 | | | | | |
| 公杂费 | | | | | |
| 个人零用费 | | | | | |
| 校外经费请详细说明出资单位名称、联系人（或出资人）、电话、地址及与本次出访的关系等。 |||||||

（续表）

| 承　　诺 |
|---|
| 1. 所填情况均属实，本人愿对所填内容承担相应法律责任。并承诺在回国后的2个星期提交"回国人员情况汇报表"。<br>2. 此次出访不涉及政治敏感问题、科技涉密问题和知识产权保护问题。若为国际会议，会议不存在"一中一台"及"两个中国"问题。<br>3. 校方已告知本人，在本人离境前及抵达目的国（地区）后，购买好境外意外伤害保险。如本人选择放弃购买此项保险，由此产生的后果，本人承担全部责任。<br><br>　　　　　　　　　　　　　　　　　　　　　　　本人签名：<br><br>　　　　　　　　　　　　　　　　　　　　　　　　年　月　日 |
| 审　批　意　见 |
| 院、系意见：<br><br><br><br><br>　　　　　　　　　　　　　　　领导签字　　　　　（盖章）<br>　　　　　　　　　　　　　　　　　　　　　　　年　月　日 |

| 人事处意见：<br><br><br><br>领导签字　　（盖章）<br>　　　　　年　月　日 | 对外交流办意见：<br><br><br><br>领导签字　　（盖章）<br>　　　　　年　月　日 |
|---|---|

| 学校意见：<br><br><br><br><br>　　　　　　　　　　　　　　　　　　　　　　　　年　月　日 |
|---|

附录

# 关于加强廉政风险防控的指导意见

中纪发〔2011〕42号

近年来，各地区各部门按照党中央、国务院的部署和要求，在开展廉政风险防控方面大胆探索，取得了积极进展，积累了有益经验。实践表明，将风险管理理论和现代质量管理方法引入反腐倡廉建设，加强廉政风险防控，是构建惩治和预防腐败体系的重要举措，是规范权力运行、建设法治政府的客观要求，是促进干部队伍作风建设的现实需要，是推进预防腐败工作的有力抓手。为进一步规范和深化廉政风险防控工作，现提出如下指导意见。

## 一、指导思想、工作原则和目标要求

**1. 指导思想。** 以邓小平理论和"三个代表"重要思想为指导，深入贯彻落实科学发展观，按照"在坚决惩治腐败的同时，更加注重治本、更加注重预防、更加注重制度建设"的要求，以制约和监督权力运行为核心，以岗位风险防控为基础，以加强制度建设为重点，以现代信息技术为支撑，构建权责清晰、流程规范、风险明确、措施有力、制度管用、预警及时的廉政风险防控机制，不断提高预防腐败工作科学化、制度化和规范化水平。

**2. 工作原则。** 坚持围绕中心，把加强廉政风险防控与经济社会发展、党的建设特别是反腐倡廉建设结合起来，融入业务工作和管理流程之中，实现廉政风险防控与各项工作相互促进、协调发展；坚持系统治理，用系统的思维、统筹的观念、科学的方法推进工作，拓展从源头上防治腐败工作领域；坚持改革创新，尊重基层和群众的首创精神，勇于实践，探索惩治和预防腐败的新思路、新办法、新途径；坚持因地制宜，针对不同地区、不同部门、不同岗位特点，合理确定工作目标、任务、方法、步骤，加强分类指导，实行分类管理，循序渐进，积极稳妥。

3. **目标要求**。以腐败易发多发的领域和部位为重点，逐步建立覆盖党的机关、行政机关和国有企业、事业单位的廉政风险防控机制；在充分实践的基础上，使廉政风险防控机制运行顺畅，制度配套完善、执行有力，预防腐败成效明显提高，在惩治和预防腐败体系建设中发挥重要作用。

## 二、方法步骤和主要内容

4. **依法规范职权**。根据法定职责，按照权责一致的要求，全面清理和明确对管理和服务对象行使的各类职权，对依法确定的职权进行分项梳理，摸清职权底数，编制"职权目录"，明确职权名称、内容、行使主体和法律依据等。在此基础上，针对每一项职权，优化运行流程，绘制"权力运行流程图"，明确办理主体、条件、程序、期限和监督方式等。同时，对单位内部的人、财、物管理等职权进行清理、规范，明确内部职权行使的岗位、权限、程序和时限等。

5. **查找廉政风险**。通过自己查找、群众评议、专家建议、案例分析和组织审定等方式，重点查找权力行使、制度机制和思想道德等方面存在的廉政风险。权力行使方面，重点查找由于权力过于集中、运行程序不规范和自由裁量幅度过大，可能造成权力滥用的风险；制度机制方面，重点查找由于规章制度不健全、监督制约机制不完善，可能导致权力失控的风险；思想道德方面，重点查找由于理想信念不坚定、工作作风不扎实和职业道德不牢固，以及外部环境对正确行使权力的影响，可能诱发行为失范的风险。

6. **评定风险等级**。根据权力的重要程度、自由裁量权的大小、腐败现象发生的概率及危害程度等因素，按照"高""中""低"三个等级进行评定，并经单位领导班子集体审定。对不同等级的廉政风险实行分级管理、分级负责、责任到人。

7. **制定防控措施**。针对廉政风险和风险等级，依据法律法规、政策规定、廉政要求、工作职责、工作标准，制定有针对性、可操作性、具体管用和切实可行的防控措施，特别要突出对高等级风险的防控。属于权力行使方面的，要建立健全权力运行程序规定，探索完善分权、控权的有效办法，规范权力行使；属于制度机制方面的，按照建立健全惩治和预防腐败体系的要求，建立健全相关制度并抓好落实；属于思想道德方面的，通过开展专题党课、示范教育、警示教育、岗位廉政教育等形式，增强党员干部风险防范意识，提高廉洁从政的自觉性。

**8. 优化权力结构**。坚持市场优先和社会自治原则，对权力进行科学分解和配置，重点在行政审批、行政处罚、行政给付、政府投资项目、公共资源交易、财政专项资金管理使用等领域，建立健全决策权、执行权、监督权既相互制约又相互协调的权力结构和运行机制。围绕重大决策、重要干部任免、重大项目安排和大额度资金的使用，健全议事规则和工作规则，规范领导班子及其主要负责人的决策权限、决策内容及决策程序，完善"三重一大"决策事项的风险防控措施。

**9. 规范行政裁量权**。建立健全行政处罚、行政许可、非行政许可审批、行政强制、行政征收等领域的裁量权基准制度，综合考评法定裁量和酌定裁量因素，科学合理划分裁量阶次，完善适用规则，避免执法的随意性。重点抓好行政处罚裁量权的规范，对行政处罚权进行全面梳理，逐项提出行使条件，对处罚种类、处罚幅度、处罚实施等，制定具体裁量标准和实施细则。

**10. 推进权力公开透明运行**。深入推进党务公开、政务公开、司法公开、厂务公开、村（居）务公开和公共企事业单位办事公开。通过政府网站、公报、公开栏、办事指南和新闻媒体等途径，依法向社会公开"职权目录"、"权力运行流程图"和裁量权基准，接受社会监督。通过单位内部网络、内部公开栏等途径，公开内部职权行使情况、廉政风险及防控措施，特别是对干部任用、行政支出预决算、财务报销、政府采购、工程建设、资产管理等，加大公开力度。

**11. 加强科技防控**。加强统一规划和资源整合，充分利用电子政务设施，依托科技手段防控廉政风险。建立完善权力网上公开运行和在线电子监察系统，依据"权力运行流程图"，将业务流程程序化、标准化和规范化，并逐步将廉政风险和公共资源配置、专项资金管理使用等情况纳入电子监察系统监控范围，实现网上实时动态监控。探索运用信息化手段，加强单位内部人、财、物管理等方面的廉政风险防控。

**12. 实施预警处置**。针对腐败现象易发多发的重点领域和关键环节，通过巡视、审计、干部考察、述职述廉、舆论监督、电子监察、效能监察、执法监察、纠风治理、信访举报和案件分析等，全面收集廉政风险信息，加快预防腐败信息分析和预警系统研发，定期进行分析、研判和评估，对可能引发腐败的苗头性、倾向性问题进行风险预警，综合运用风险提示、诫勉谈话、责令纠错等处置措施，做到早发现、早提醒、早纠正，及时化解廉政风险。

**13. 坚持动态管理**。以年度为周期或依托项目管理，结合经济社会发展、行政职能转变和预防腐败新要求，根据法律法规和规章制度的调整、上级机关和主管部门有关职责权限的变更、防控措施落实的效果以及反腐倡廉实际需要，及时调整、完善廉政风险内容、等级和防控措施，加强对廉政风险的动态监控。

## 三、工作要求

**14. 加强领导，落实责任**。各地区各部门要把推行廉政风险防控工作作为落实党风廉政建设责任制、加强惩治和预防腐败体系建设的一项重要任务，列入领导班子重要议事日程，认真组织落实；各级党政领导班子及其成员要以身作则，率先垂范，带头抓好自身和管辖范围内的廉政风险防控。各级纪检监察机关、承担预防腐败工作的职能部门要认真履行职责，加强监督检查，推动廉政风险防控工作的落实。

**15. 突出重点，统筹推进**。各地区各部门要围绕重点领域、重点对象和权力运行的关键部位，着力防范工程建设、土地出让、产权交易、政府采购、资源开发和交易、食品药品安全、环境保护、安全生产、金融运行以及选人用人等方面的廉政风险。要把加强廉政风险防控融入业务工作流程，与加强廉政教育、规范权力运行、深化各种形式公开、完善行政审批制度、实现公共资源市场化配置有机结合起来，统筹安排，协调推进，整体提高反腐倡廉建设科学化水平。

**16. 注重检查，务求实效**。各地区各部门要结合实际，在规范权力运行、健全廉政风险防控机制上务求实效，坚决避免和克服形式主义。要将廉政风险防控纳入党风廉政建设责任制检查考核、领导班子和领导干部工作目标考核、惩治和预防腐败体系建设检查之中，并将检查考核结果作为干部评价和任免的重要依据。要研究制定检查评估标准，探索建立廉政风险防控的社会评价办法，采取定期自查、年度检查、社会评议等方式，提高检查评估的针对性和有效性，确保廉政风险防控扎实推进、取得实效。